蒋 波——编著

零基础学会计业务

图解·案例版·

中国铁道出版社有限公司
CHINA RAILWAY PUBLISHING HOUSE CO., LTD.

内 容 简 介

本书是一本专门讲解会计业务知识的工具书，全书共12章，第1～11章分别介绍会计业务的各项知识，并穿插了大量案例分析，帮助读者理解理论知识，以及了解工作中应注意的重点和账务处理。第12章是对一家公司具体的账目分析及处理，可以让读者系统地掌握一整套会计处理流程。

本书内容全面，案例丰富，讲解深入，非常适合刚刚进入会计行业的职场新人。对于有一定会计基础知识储备的读者，也可以使用本书查缺补漏，完善知识体系，提高工作效率。此外，本书对已经从事会计工作而具有一定经验的读者来说，可进一步提升专业技能。

图书在版编目（CIP）数据

零基础学会计业务 : 图解案例版/蒋波编著. —北京：中国铁道出版社有限公司，2020.6

ISBN 978-7-113-26618-9

Ⅰ.①零… Ⅱ.①蒋… Ⅲ.①会计学-图解 Ⅳ.①F230-64

中国版本图书馆CIP数据核字（2020）第021357号

书　　名：零基础学会计业务（图解案例版）
LINGJICHU XUE KUAIJI YEWU (TUJIE ANLIBAN)
作　　者：蒋　波

责任编辑：王　佩　　**读者热线电话：**（010）63560056
责任印制：赵星辰　　**封面设计：**宿　萌

出版发行：中国铁道出版社有限公司（100054，北京市西城区右安门西街8号）
印　　刷：三河市宏盛印务有限公司
版　　次：2020年6月第1版　2020年6月第1次印刷
开　　本：700 mm×1 000 mm　1/16　**印张：**18.25　**字数：**258千
书　　号：ISBN 978-7-113-26618-9
定　　价：55.00元

前 言

在一家企业中，会计工作的第一阶段是会计基础工作，做好了会计基础工作才能收集与整理出各项真实有效的会计信息，否则后续进行的各项会计核算操作都会失去可靠依据。在会计核算工作中，会计资料直接反映了各单位的财务状况、经营成果和管理业绩，也间接传递一些重要的经济信息，比如根据会计资料可以帮助选择经营合作的对象或者进行对外投资等。所以，会计资料的保管工作也相当重要。

然而，会计工作零碎，且业务繁多，甚至有些单位的账目经常混乱无序，所以财务人员表现出工作懈怠，导致会计工作不能正常地发挥核算和监督作用。那么，企业如何管理财务？财会人员如何进行会计核算和监督？这些都是亟待解决的问题。此外，实务中财会人员要如何做好本职工作呢？比如：

会计凭证如何填制、审核、传递、保管？

会计账簿如何设计、登记、对账？

会计报表如何编制？

会计核算有哪些具体内容？

会计档案有什么归档要求？

……

为了帮助广大会计从业者提升工作能力，让会计工作更容易上手，我们编写了本书。

主要内容

本书总共12章内容，主要从基础必备、业务流程和经典案例这3个方面全方位地对会计业务进行详细讲解，具体内容安排如下图所示。

部分	内容
基础必备（第1章）	这部分内容对会计业务的现实工作环境作了说明，也介绍了会计理论基础，比如会计工作有哪些假设，它是对现实经济业务的分类、加工以及理论化的处理等
业务流程（第2~11章）	这部分是本书的重点内容，它将经济业务做了理论分析和案例分析，大量的案例实情都是每一个会计人员在实际工作中可能会遇到的，比如收入、费用和成本等的处理

续上表

部分	内容
综合案例（第12章）	这部分内容主要通过“赫裕食品加工公司”2019年12月的账务处理解析了一整套账目的处理流程以及各个环节的具体工作和方法，该部分内容贴近现实，让读者能快速熟练地掌握会计工作

内容特点

知识全面	系统全面地将会计基础工作中会遇到的处理方式进行了讲解，对每一个知识点的重点和难点作了详细说明
以图析文	每一章都配有图解内容，将知识点用图形或是表格的形式呈现出来，可以更直观，以便读者更清晰地理解
案例解析	全书贯穿实账处理案例，使知识点清晰明了，贴合实际工作。其中最后一章是2019年12月“赫裕食品公司”的一整套账务处理，即从凭证到账簿、报表各种实操，详尽地呈现实际工作中的会计业务流程

读者对象

本书语言通俗易懂，在知识点安排上循序渐进，而且实例分析多，特别适合初涉会计工作的职场新人，有助于快速入门并掌握会计业务的处理方式，理清会计工作的重心，提高工作效率。对于已经学习了一段时间的会计理论或是已经接触到会计行业的人员也有一定的帮助。此外，本书也非常适合作为高校、相关培训机构或企业内训的教材使用。

编　者

2020年1月

目 录

第1章

打好会计入门基础

从大范围讲，会计工作是企业内部管理的重要部分；从小范围讲，会计工作是企业财会管理的重点内容。对于财会人员而言，要做好会计工作，必须打好会计基础，牢固掌握会计基础知识，以便为后续做账工作做好充分准备。

1.1 工作中需要怎样的会计

会计，就是把企业发生的有用的经济业务全部以货币为计量单位，通过记账、算账和报账等一系列操作来反映企业财务状况和经营成果的经济信息。

1.1.1 会计定义和上岗要求

了解会计的定义是学习会计的必要前提，作为一名会计，怎样才能在岗位上胜任工作？知识方面需要有哪些学习储备？上岗还需要什么要求？这些都需要了解。

（1）会计的定义

会计是一种经济管理活动，它以货币为主要计量单位，以凭证为主要依据，采用专门的技术方法，对一定数量的资金运动进行全面、综合、连续且系统的核算与监督，同时向有关方面提供会计信息，参与经营管理，提高经济效益。会计作为一门经管类学科，具有以下明显特征。

- 会计是一种经济管理活动。
- 会计是一种经济信息系统。
- 会计以货币作为主要计量单位。
- 会计具有核算和监督的基本职能。
- 会计采用一系列专门的方法。

（2）会计的上岗要求

同样是一名会计，不同的岗位有不同的职责要求，比如按财会报告的对象不同，可以将会计分为管理会计和财务会计，他们的职能定位就不一样，具体如图1-1所示。

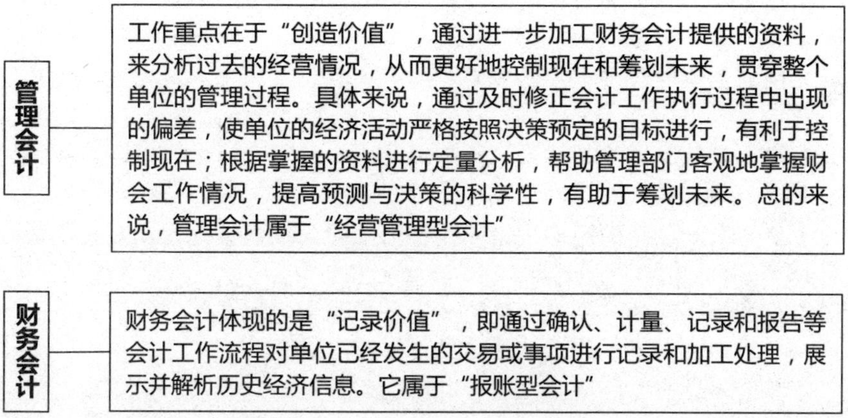

图1-1 管理会计与财务会计的不同

管理会计与财务会计虽然在许多方面存在着明显的区别，但管理会计是从传统会计中分离出来的，因此与财务会计保持着一定的联系。管理会计与财务会计的联系指管理会计与财务会计存在内在的关系，它们相互渗透，密切结合，二者联系如图1-2所示。

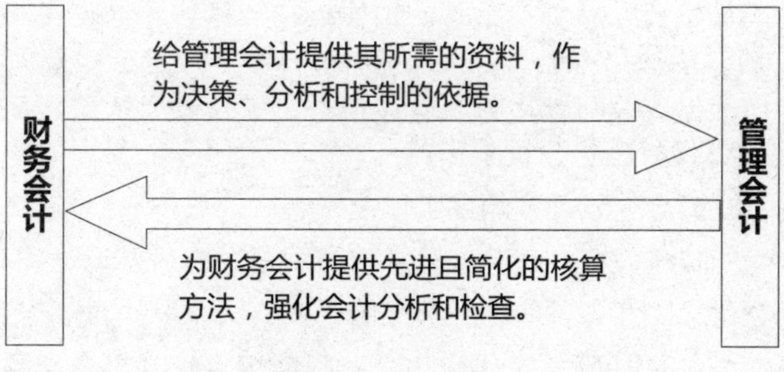

图1-2 管理会计和财务会计的联系

从长期的工作实践来看，管理会计主要对公司内部管理人员负责，而财务会计主要对公司外部单位或个人负责。由于服务的主体不同，其岗位职责也就不同，具体如表1-1所示。

表1-1

项目	职责
管理会计	1.建立成本和利润责任中心，制定相应的管理办法，保证企业实现生产经营目标； 2.预测企业经营过程中的成本、销售和利润等情况，根据生产经营目标编制企业的全面预算，确定目标成本和目标利润； 3.建立财务成本控制体系，控制经营成本和企业资金，保证完成销售目标和利润目标； 4.参与生产经营的短期决策和投资活动的长期决策，提出有关决策分析的数据； 5.对企业经营的产品进行价值分析，按销售区域或季节等进行利润的敏感性分析，从而挖掘出快速达到目标的潜力； 6.提出增收节支的措施，有效降低成本，保证利润目标的实现，提高经济效益； 7.对比各责任中心的业绩报告实际数与预算数，考核评价各责任中心的工作绩效、完成情况和工作任务是否达标等
财务会计	1.出纳人员负责做好现金和银行存款的收付工作，并编制现金和银行存款的收付款凭证，按规定登记现金日记账和银行存款日记账，月末要将现金日记账与库存现金实有数进行核对，保证一致，同时要将银行存款日记账与银行对账单进行核对，保证一致，并编制银行存款余额调节表，检查企业和银行之间存在的未达账项； 2.出纳人员负责发票和支票等购销凭据和结算凭证的购买、领用及保管工作，同时还要负责保管公司内部的各种印章； 3.协助出纳做好收付款工作，管理现金，审核收付款原始凭证，同时配合销售部门做好销售分析工作； 4.负责企业资金的管理和调度工作； 5.及时编制转账凭证，每月按时结转利润，汇总所有记账凭证； 6.负责公司总账和各种明细分类账的登账、结账及核对工作； 7.负责销售统计和复核工作，每月编制销售应收款报表，同时督促销售部及时催收客户所欠款项，保证及时清理应收、应付款； 8.负责编制公司的月度、季度和年度财务会计报表，并对财务情况进行分析说明，及时向公司领导报告经营情况； 9.做好凭证、账簿和各种备用表格等会计资料的装订及保管工作，同时对董事会和总经理所需的财务数据资料进行整理编报； 10.负责与财务工作有关的外部单位及行政机构进行沟通、联络

1.1.2 会计流程

介绍过会计的概念与工作内容以后，我们对会计是什么和会计需要做什么有了初步的认识。那么在某个会计期间，怎样把每个细小的工作串起来，有条不紊地一步步完成会计工作，期末交出漂亮的报表并完成相关税费的缴纳呢？如图1-3所示是一套简单且行之有效的会计处理流程，相信对初入行的你有一定帮助。

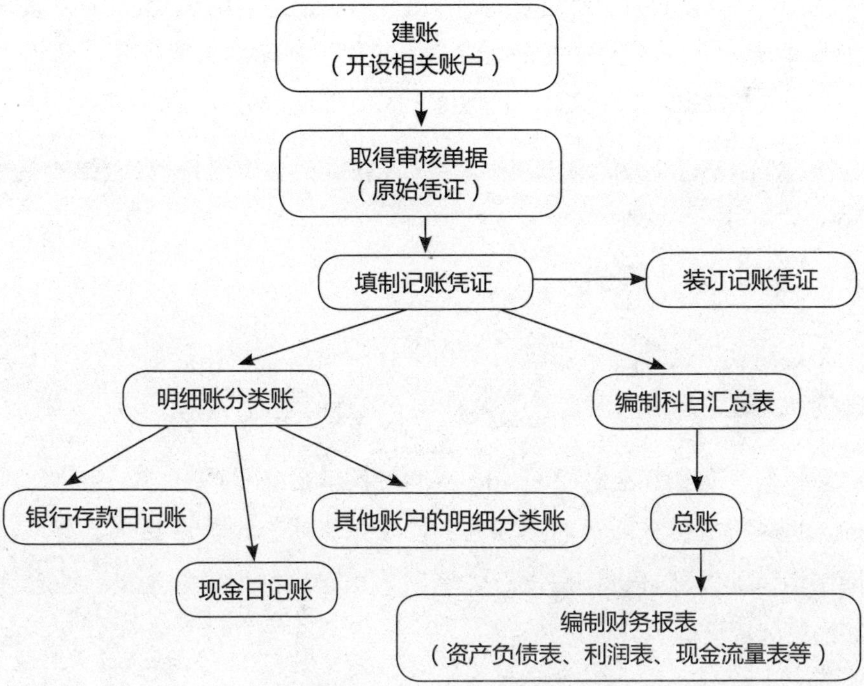

图1-3 会计处理简易流程

然而，会计工作涉及的事情还远不止上图中的这些，实际工作中还涉及税务工作。各单位有其自身的税务专管员，与单位内部的办税人员对接工作，由办税人员填写各种与税相关的表格，完成税务的申报缴纳。另外，还有年底汇算清缴、审计和年度报告公示等工作；与客户、供应商等核对往来款项，保证货款金额正确；及时向上级领导汇报相关财务会计报表的数据；以及处理公司内部财务方面的协调工作等。

1.2　开展会计工作的前提

会计是一门古老的技术，现在我们的初步印象还停留在它是一门学科。怎样把现实生活中与会计有关的每项经济业务记录下来，反映企业的真实运营情况，为领导决策提供可靠的依据呢？这时，专业的会计方法就可以解决这个问题。既然要用到会计方法，就得先了解会计方法在现实应用中有哪些假设，有哪些特殊的规定和特征，会计做了哪些规定才能让会计方法服务于现实业务。

1.2.1 四个会计假设

会计假设即会计基本假设，是指会计人员对会计核算所处的变化不定的环境和某些不确定的因素等做出的合乎情理的判断。

会计假设是组织会计核算工作应明确的前提条件，是建立会计原则的基础，也是进行会计实务的必要条件，所以又叫会计核算的基本前提。随着网络信息的发展，会计假设有了不同的意义，分为传统意义上的会计假设和网络环境下的会计假设。

（1）传统意义上的会计假设

一般包括会计主体、持续经营、会计分期和货币计量4个基本前提。

◆ 会计主体

会计主体假设的产生，是因为要满足恰当地维护投资者或股东投入企业的资本的需要。需要注意的是，企业才是会计关注的中心，并非投资者或股东。

会计上将企业法人假设为一个独立的实体，所以会计主体假设是指企业本身。但随着集团公司这一组织形式的出现，母公司和子公司各自为独立法人，为了通过编制合并财务报表来反映整个集团的财务状况，会计主体假设发展为合并个体。

由于适应信息时代发展的网络公司（属于虚拟公司，以人力资源和知识产权为主要资产）开始出现，进一步突破了会计主体原有的空间范围，扩展成企业主体和虚主体，由此还引出了“虚主体如何建立会计程序，提供会计信息”的新课题。

◆ 持续经营

假设每个企业在可预见的未来不会面临破产和清算，因此企业拥有的资产将在正常的经营过程中被耗用或出售，其承担的债务也将在正常的经营过程中被偿还。如果没有“持续经营”这一假设，企业就会进入到清算假设下形成的破产或重组的会计程序中。

◆ 会计分期

假设企业可以将连续不断的经营活动分割成若干个时间长短相同的会计期间，以便提供会计信息，正确计算收入、费用和损益。这一假设规定了会计对象的时间界限。从该假设本身来看，其属于人为划分，存在很大的主观性，这一缺点会影响会计信息的质量，使会计信息具有明显的估计性和不确定性。

◆ 货币计量

假设企业的生产经营活动及其成果全部通过货币计量和反映，这就规定了会计的计量手段。它有两层含义，即币种的唯一性和不变性。

该假设存在很大的争议。比如，企业的员工素质、产品质量和市场竞争力等信息不能用货币表示，使会计信息不能从真正意义上做到全部由货币计量和反映；又比如，财会报表上的收入以现时价格计量，而费用以历史成本计量，考虑通货膨胀时就不能正确计量收益。

（2）网络环境下的会计假设

传统意义上的4个会计假设在会计上一直非常适用。那么，现在很多互联网公司，有很多新的经营模式以及经营方式出现，在当今网络环境下，这4个会计假设又是否适用呢？详解如图1-4所示。

网络环境下会计主体假设现状与评价

严格来说，会计主体并不完全等同于有形会计个体，而且，网络公司虽然是虚拟公司，但它也有自己的经营目标和独立支配的经济资源，要对其控制的经济资源和经济行为承担责任。由此可看出，网络公司依然属于"实实在在"的会计主体，且在网络时代，会计核算的对象仍然是一个特定主体，会计信息依然要以这一特定主体客观发生的所有经济活动为唯一依据

网络环境下持续经营假设现状与评价

各种网络公司虽然要在企业相关的契约到期或中途解散，但其设立的目的还是生存和发展，而并不是为了最终破产清算（破产清算只是个别例外情况）。而且，在实现目的的过程中，网络公司与实体企业在本质上也没有多大区别，其会计确认、计量和报告等工作依然要遵循持续经营的假设。因此，在网络环境下，持续经营假设也是各虚拟企业必须要遵循的

网络环境下会计分期假设现状与评价

会计分期假设的存在意义是及时提供会计信息，同时保证会计信息的可比性。网络公司也需要和实体企业一样，把持续经营期间分割为等距的若干个会计期间，由此进行做账、登账、报账和编制报表等工作，并不能根据业务的多少来随意改变会计分期的分割原则，否则提供的会计信息在与其他企业进行对比时就缺乏可比性。因此，传统会计分期假设在网络环境下依然是不能违背的

网络环境下货币计量假设现状与评价

虽然网络经济高速发展，资金在企业、银行和国家之间高速运转，资本市场交易越来越活跃，加剧了货币需求的不稳定性，冲击着币值的稳定性，但企业在对外报告会计信息时，依然要用同一种货币计量同一时点发生的同一会计要素。如果用多种货币计量不同时点发生的同一会计要素，就可能妨碍社会公众对会计信息的理解，不便于他们了解企业的经营情况。因此，在网络环境下，货币计量这一会计假设依然存在

图1-4 网络环境下的会计假设

1.2.2 六个会计要素

会计要素是组成会计报表的基本单位，是对会计对象进行的基本分类，是会计核算对象的具体化。我国《企业会计准则》规定会计要素包括：资产、负债、所有者权益、收入、费用和利润。

（1）资产

对于企业来说，其拥有的房屋建筑、机器设备、运输工具和存货等都属于资产。日常生活中，资产这一概念也被广泛应用，但财务会计中对资产的定义有别于日常用语。作为一项会计要素，资产是指企业过去的交易或事项形成的、由企业拥有或控制的以及预期会给企业带来经济利益的资源。

（2）负债

负债指企业过去的交易或者事项形成的、预期会导致经济利益流出企业的现时义务。总结起来，负债的确认必须具备以下条件。

◆ 负债是企业承担的现时义务。

◆ 负债预期会导致经济利益流出企业。

◆ 负债是由企业过去的交易或者事项形成的。

按照负债的偿还速度或偿还时间的长短，可将其分为流动负债和非流动负债。流动负债指将在一年内（含一年）或一个营业周期内偿还的债务，主要包括短期借款、应付票据、应付账款、应付职工薪酬、应交税费、其他应付款和一年内到期的非流动负债等。非流动负债是指偿还期限在一年以上（不含一年）或一个营业周期以上的债务，包括长期借款、应付债券和长期应付款等。

（3）所有者权益

所有者权益是投资者对企业净资产的所有权，也是所有者对企业资产的剩余索取权。在股份有限公司，称为股东权益。所有者权益与负债（即债权人权益）共同构成了企业资本的来源。

（4）收入

收入是指企业在日常经营活动中形成的、会导致所有者权益增加、与所有者投入资本无关的经济利益的总流入。因此，收入是经济活动带来的结果，包括销售收入、利息收入、股利收入和营业外收入等。

（5）费用

费用是指企业在日常经营活动中发生的，会导致所有者权益减少，与向所有者分配利润无关的经济利益的总流出。作为一项会计要素，费用可看做收入的减项，也可认为是消耗的或转移出去的资产。

（6）利润

利润是指企业在一定会计期间的经营成果，是一种收获。若企业实现了利润，表明企业的所有者权益将增加，业绩会提升；反之，若企业发生了亏损（即利润为负数），表明企业的所有者权益将减少，业绩会下滑。从数值上看，利润就是收入（含利得）减去费用（含损失）之后的净额。

收入-费用+利得-损失=利润总额

1.3 会计工作的基础内容

会计基础内容是会计事项的记账基础，分别有账户、会计科目、会计凭证、会计账簿等内容。通过对本节内容的学习，就能够比较全面地了解和掌握会计的基本原理和方法。

1.3.1 科目设置的原则和注意事项

会计科目是对会计要素及其对象的具体内容进行分类核算的项目。由于会计要素及其对象的具体内容各有不同，且管理要求也不同，所以，为了全面、系统且详细地核算并监督各项经济业务的发生情况，就必须对各项会计要素及其对象进行划分，即分别设置会计科目。

（1）会计科目设置的原则

会计科目不仅反映各会计要素的构成和变化情况，还为投资者、债权人和企业经营管理者等提供会计信息，是非常重要的会计工具。设置会计科目时，要尽量做到科学、合理和适用，具体需要满足如表1-2所示的原则。

表1-2

原则	设置详解
合法性原则	设置的会计科目应符合国家统一的会计制度的规定，使不同企业对外提供的会计信息之间具有可比性。实际工作中，企业可结合自身实际情况设置会计科目，但不能违反现行会计制度对会计科目所做的统一规定。也就是说，总账科目必须按照国家现行的相关会计规定进行统一设置，不能随意变更会计科目的名称，而一些总账科目下的明细科目，可根据企业实际经营特点，在不影响统一会计核算要求和统一编报要求的前提下，可自行增设、减少或合并

续上表

原则	设置详解
相关性原则	设置的会计科目应满足对外报告和对内管理的要求，同时为向有关各方提供所需的会计信息服务。由于根据《企业会计准则》的规定，企业财务报告提供的信息必须满足对内、对外各方面的需求，因此，设置的会计科目就必须服务于会计凭证、账簿和财务报表等各种会计信息的提供，必须与财务报告的编制保持协调性和相关性
实用性原则	设置的会计科目应符合企业自身的特点，满足企业的实际需求。市场中的各企业，其组织形式、所属行业、经营范围和业务种类等都不同，因此，会计科目的设置就会有区别。在满足合法性原则下，企业应设置符合经营所需的会计科目

（2）会计科目设置的注意事项

各企业要依据《中华人民共和国会计法》《会计基础工作规范》和《基本建设财务管理规定》等规定，以及各省、自治区、直辖市财政部门、国务院主管部门制定的补充规定等有关法律、法规，结合本企业情况合理设置会计科目。需要注意的是，企业会计科目的一级科目必须按国家统一规定进行设置，只有部分明细科目才可根据企业的自身需要灵活设置。

1.3.2 账户的分类

账户是根据会计科目设置的，具有一定格式和结构，用于反映会计要素的增减变动情况及其结果的载体。账户可根据不同经济内容分类，也可按不同用途和结构分类。其中，按经济内容分类是基础分类方式。

（1）按经济内容分类

账户按经济内容分类的实质是按照会计对象的具体内容进行分类。上一节内容中，会计对象就其具体内容而言，可以归结为资产、负债、所有者权益、收入、费用和利润6个会计要素，因此，在划分账户时，可从这6个方面入手。

但由于利润一般隐含在收入与费用的配比中，因此，从满足管理者和会计信息使用者需要的角度考虑，账户按其经济内容可分为资产类账户、负债类账户、所有者权益类账户、成本类账户、共同类账户和损益类账户这6类。如图1-5所示的是其中5类常见的账户类型。

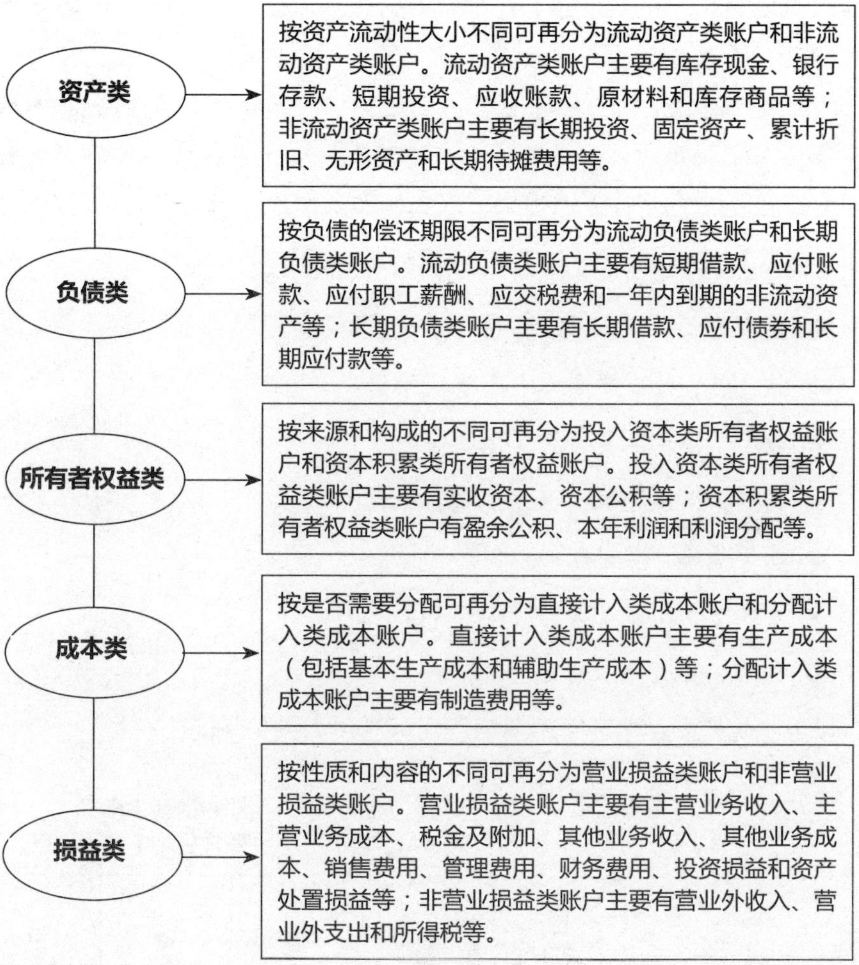

图1-5 账户的分类

（2）按用途和结构分类

账户分为左方（记账符号为“借”）和右方（记账符号为“贷”）两

个方向，一方登记增加，另一方登记减少。资产类、成本类和费用类账户借方登记增加额，贷方登记减少额；负债类、所有者权益类和收入类账户借方登记减少额，贷方登记增加额。

账户中既可登记本期增加的金额，也可登记本期减少的金额；增减相抵消后的差额，登记为余额。在登记时，不仅要登记期初余额，还要登记期末余额。不同账户的期末余额计算方式不同，资产类、成本类和费用类账户的期末余额=期初余额+本期借方发生额（即本期增加的金额）-本期贷方发生额（即本期减少的金额）；而负债类、所有者权益类和收入类账户的期末余额=期初余额+本期贷方发生额（即本期增加的金额）-本期借方发生额（即本期减少的金额）。账户一般结构包括如下一些项目。

◆ 账户名称，也就是会计科目名称。

◆ 第几页，也就是账户在账簿上的页码。

◆ 时间，即何年何月何日记的账。

◆ 摘要，即账务或经济业务的简要说明。

◆ 凭证号码，即记账的依据是什么。

◆ 金额变化，即金额的增加或减少。

◆ 结果，也就是余额。

以上是对账户结构要素的罗列，实际应用如图1-6所示。

账户的基本格式

账户名称（会计科目）

年		凭证编号	摘要	借方	贷方	余额
月	日					

图1-6 账户的基本结构

期初余额、本期增加发生额、本期减少发生额和期末余额是账户的核心要素，由此演化出了简化的账户基本结构——T型账户，如图1-7所示。

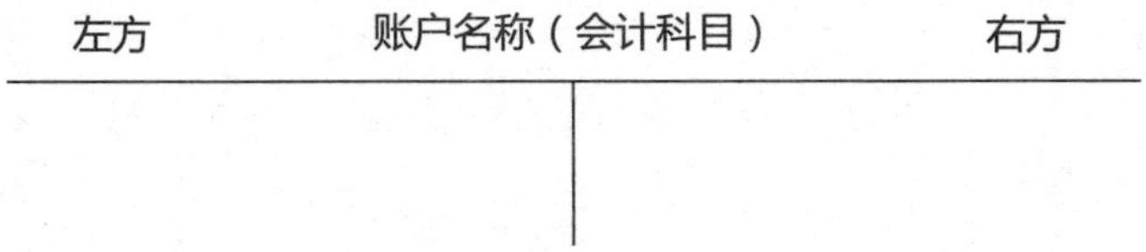

图1-7 T型账户

会计账户简称账户，俗称“户头”，是依据会计科目开设的，有一定格式，可对会计要素进行连续、分类、系统的记录和反映其变动情况及结果。账户和科目之间的联系与区别如表1-3所示。

表1-3

项目	会计科目	账户
设立权限	国家统一规定	根据会计科目自行设定
作用	会计核算之前确定，是对经济业务进行分类核算的项目	经济业务发生之后进行的分类记录
	仅说明其反映的经济内容	不仅说明其反映的经济内容，还可反映和控制其经济内容的增减变化和结余情况
	设置账户和填制凭证的依据	编制会计报表的依据
格式	无	有

1.3.3 复式记账法

复式记账是对每一项经济业务都通过两个或两个以上有关账户相互联系起来进行登记的一种专门记账方法。

（1）复式记账法的定义

企业经营过程中发生的各种经济业务事项都具有双重性，即每一笔经济业务事项的发生，一定会引起资金在两个或两个以上项目中的增减变动，且资产与权益之间还存在自然的平衡关系，这两个事实经常被人们利用，以指导会计实践工作。因此，这两个事实就自然而然地成为了复式记账的理论基础。

复式记账的理论依据是会计恒等式，因此，在复式记账法下，要对每一项经济业务按相等金额在两个或两个以上有关账户中同时登记。根据不同的记账符号、记账规则和试算平衡方法，复式记账可分为借贷记账法、增减记账法和收付记账法。其中，借贷记账法是目前运用最广泛的一种，也是我国法定的记账方法，该记账方法下，增加金额和减少金额分别计入借方还是贷方，要根据账户反映的经济内容和业务性质而定。

复式记账是相对于单式记账而言的，其记账比较科学，可完整地反映企业经济业务的全貌；而单式记账是一种记录较简单但不完整的记账方法，一般只记录现金的收付和应收、应付款项对应的经济业务事项，所以该记账方法很少被使用。

（2）复试记账法的特征

复式记账之所以要求在两个或两个以上的账户中以相等的金额进行记录，是为了保证会计恒等式的平衡，由此可见，复式记账有以下特征。

- 记账基础为权责发生制。
- 理论依据是会计恒等式和资金运动规律。
- 每一笔经济业务都必须在两个或两个以上的账户中以相等的金额进行记录，且账户之间有严密的对应关系，可以清晰地反映经济业务的具体情况，甚至来龙去脉。
- 账户都可以进行试算平衡，以便于检查账户数据记录的完整性和正确性。
- 复式记账法下，需要设置一套完整的账户体系，全面反映经济活动的全过程及最终结果。

1.3.4 借贷记账法

以会计恒等式为记账原理，“借”和“贷”为记账符号，按照一定格式进行记录，反映经济业务增减变化的复式记账方法，即借贷记账法。

商品经济的不断发展，使得借贷记账法在工作中得到了广泛的运用，记账对象也不再局限于债权、债务关系，而是扩展到了财产物资增减变化的记录和经营损益的计算方面。该方法的优点主要有如图1-8所示的4点。

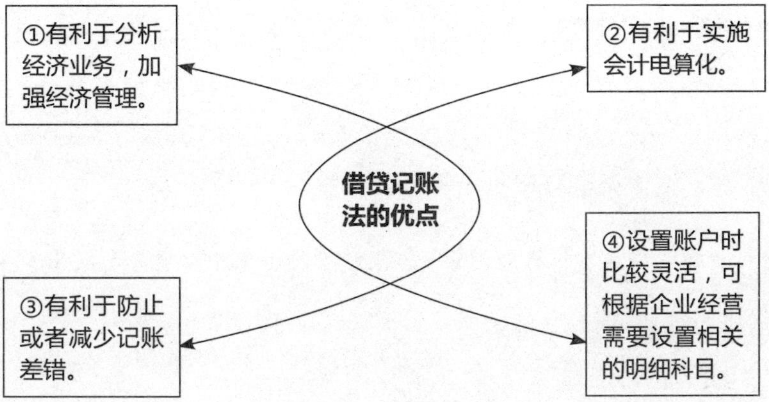

图1-8 借贷记账法优点

（1）记账规则

借贷记账法的记账规则总结成一句话就是：有借必有贷，借贷必相等。具体可描述成如下几个容易理解的要点。

①每一笔经济业务都必须同时分别记录到两个或两个以上的账户中。

②所记录的账户可以是同类账户，也可以是不同类账户，但必须是两个记账方向，即借方和贷方，既不能都记入借方，也不能都记入贷方。这是遵循“有借必有贷”。

③记入借方的金额合计数必须等于记入贷方的金额合计数。这是遵循“借贷必相等”。

（2）账户结构

借贷记账法下，所有账户的T型结构基本相同，左方都为借方，右方都为贷方，但不同性质的账户，其借贷双方登记的内容是不同的，且反应的会计要素增减变动情况也不一样。下面分别说明各类账户的T型结构。

◆ 资产类账户的结构

资产类账户的T型结构中，其借方记录资产的增加额，贷方记录资产的减少额。在同一会计期间（如月、季、年），借方记录的增加额合计数为本期借方发生额，贷方记录的增加额合计数为本期贷方发生额；每一个会计期间的期末要计算借贷方发生额之间的差额，该差额与本期期初余额的和为本期期末余额。资产类账户的期末余额一般在借方，所以期初余额也一般在借方，期末余额可根据下列公式计算。

期末余额（借方）=期初余额+本期借方发生额-本期贷方发生额

T型账户结构如图1-9所示。

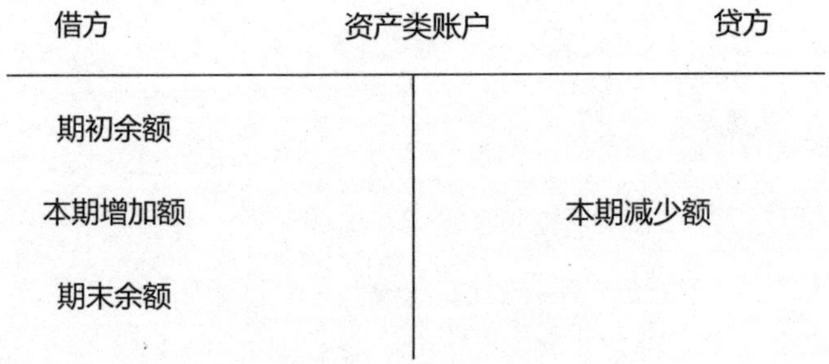

图1-9 资产类账户结构

◆ 负债类账户和所有者权益类账户的结构

负债及所有者权益类账户的T型结构与资产类账户正好相反，其贷方记录负债及所有者权益的增加额，借方记录负债及所有者权益的减少额，同一会计期间的借贷方发生额合计数也分别称为借方发生额和贷方发生额。这两类账户的期末余额一般在贷方。负债类账户和所有者权益类账户的期末余额可根据下列公式计算。

期末余额（贷方）=期初余额+本期贷方发生额-本期借方发生额

T型账户结构如图1-10所示。

借方	负债类、所有者权益类账户 贷方
	期初余额
本期减少额	本期增加额
	期末余额

图1-10 负债类、所有者权益类账户结构

◆ 成本费用类账户的结构

成本类账户和费用类账户的T型结构与资产类账户的结构基本相同，借方记录成本、费用的增加额，贷方记录成本、费用转入抵销收入类账户（减少）的数额。由于成本费用类账户的借方发生额最终都会从贷方转入“本年利润”账户的借方，因此，这类账户期末一般没有余额。如果有余额，也通常表现为借方余额，说明还有成本、费用没有结转。

成本费用类账户的T型结构如图1-11所示。

借方 费用类账户	贷方
本期增加额	本期减少额
	期末结转额

图1-11 成本费用类账户结构

◆ 收入类账户的结构

收入类账户的T型结构与负债类账户和所有者权益类账户的结构基本相

同，贷方记录收入的增加额，借方记录收入的转出额（减少额）。收入的转出额是指每个会计期间期末都要将收入的贷方发生额合计数从其借方转入“本年利润”账户的贷方。因此，收入类账户期末一般没有余额。如果有余额，也通常表现为贷方余额，表示还有收入没有结转。

收入类账户的T型结构如图1-12所示。

借方	收入类账户	贷方
本期减少额		本期增加额
期末结转额		

图1-12 收入类账户结构

（3）试算平衡

试算平衡是指在某一时点（如会计期末），根据会计恒等式或复式记账的原理，对本期所有账户的全部记录进行汇总、测算，以检验其正确性的一种专门方法。它的目的是保证企业本期会计处理的正确性。进行试算平衡，不仅可检查会计记录的正确性，还能查明错误会计记录的发生原因，进而做出相应的账务调整，为财会报表的编制提供准确的资料。

在借贷记账法下，根据借贷记账的基本原埋，试算平衡的方法主要有两种：本期发生额平衡法和余额平衡法。

◆ 本期发生额平衡法

这种试算平衡方法的原理是：有借必有贷，借贷必相等。会计人员在日常工作中编制会计分录时，都遵循“有借必有贷，借贷必相等”的原则，将经济业务计入借贷方对应科目中，且借贷方金额合计相等。因此，本期借贷方的发生额合计数相等。

本期发生额平衡法主要用来检查本期发生的经济业务在记入各种账户

时的处理是否正确。其试算平衡公式如下。

全部账户本期借方发生额合计=全部账户本期贷方发生额合计

◆ 余额平衡法

余额平衡法的基本原理：资产=负债+所有者权益。日常工作中，会计人员使用借贷记账法记账时，资产类账户的期末余额一般在借方，而负债和所有者权益类账户的期末余额一般在贷方，登记的资产负债表左侧资产总计=右侧负债及所有者权益总计。由于成本费用类账户和收入类账户在期末时会进行结转，无余额，因此，全部账户的借方期末余额合计数应等于全部账户的贷方期末余额合计数。

余额平衡法主要通过各种账户的期末余额来检查并推断账户的会计处理是否正确，试算平衡公式如下。

全部账户的借方期末余额合计=全部账户的贷方期末余额合计

全部账户的借方期初余额合计=全部账户的贷方期初余额合计

1.3.5 权责发生制和收付实现制的比较

会计基础是会计确认的某种标准方式，也是单位收入和支出、费用的确认标准。选择不同的会计基础，会影响单位在会计期间取得的收入与发生的支出之间的配比关系，进而影响单位的工作业绩和财务成果。会计基础主要分两种，权责发生制和收入实现制。在我国，企业通常选择权责发生制，而行政事业单位一般选择收付实现制。

（1）权责发生制和收付实现制的概念

权责发生制亦称“应收应付制”。它是一种以本会计期间发生的费用和收入是否应计入本期损益为标准，处理有关经济业务的制度。凡在本期发生且应从本期收入中扣除的费用，无论本期是否已实际支付货币资金，均应作为本期的费用处理；同理，凡在本期发生且应计入本期的收入，无论本期是否已实际收到货币资金，均应作为本期的收入处理。选择这种会计基础并实行这种制度，有利于正确反映各期的费用和收入水平以及最终的盈亏状况。

收付实现制亦称“收付实现基础”或“现收现付制”，是“权责发生制”的对称。在会计核算中，它是一种以款项是否已经收到或支付作为确认标准，来确定本期收入和费用的方法。凡在本期内实际收到或支付的一切款项，无论其发生时间早晚或是否应该由本期承担，均作为本期的收入和费用处理。

（2）权责发生制和收付实现制的区别

权责发生制是按照收入、费用是否归属本期为标准来确定本期收入、费用的一种方法；收付实现制是按照收入、费用是否在本期实际收到或支付为标准来确定本期收入、费用的一种方法。它们的比较如表1-4所示。

表1-4

项目	收付实现制	权责发生制
优点	处理手续简便	科学、合理，盈亏的计算比较准确
缺点	不科学，对盈亏计算不准确	确认、核算都比较复杂
适用范围	行政事业单位	企业

第2章

各种原始凭证的来源及审核

原始凭证又称为单据，它是记录、证明经济业务已经发生或完成，明确经济责任的原始凭据。原始凭证是反映经济业务发生情况的初始文件，具有较强的法律效力。平时我们又是如何取得并审核原始凭证的呢？

2.1 自制原始凭证概述

原始凭证是在经济业务发生时取得或填制的，用以记录和证明经济业务发生或完成情况的凭证，如发票、收货单、领料单、银行结算凭证和各种报销单据等。原始凭证的种类有很多，按来源不同可分为自制原始凭证和外来原始凭证。本节主要了解自制原始凭证。

2.1.1 自制原始凭证的分类

自制原始凭证又称自制凭证，一般是指本单位内部各经办业务的部门或个人在开展某项经济业务或完成某项工作时填制的原始凭证，其中也包括财会部门填制的有关凭证。

比如生产性企业，其常见的自制原始凭证有：仓管部填制的“材料验收单”“产品入库单”“销售发票”和“发出材料汇总表”等，生产车间及其他部门申请领用材料时填制的“领料单”，各部门职工出差向企业借差旅费时填制的“借款单”，以及财会部门编制的“工资结算单”和“制造费用分配表”等。

自制原始凭证按其填制手续不同，又可分为一次凭证、累计凭证、记账编制凭证和汇总原始凭证4种。

2.1.2 一次凭证

一次凭证是“累计凭证”的对称，指一次只能反映一项经济业务或一次只能反映若干项同类业务的原始凭证，它一般在经济业务发生或完成时一次性填制完毕。根据来源的不同，一次凭证又可分为外来一次凭证和自制一次凭证，其中，外来一次凭证主要是购货发票。

而自制一次凭证有收料单、入库单、领料单、出库单、收据、借款单和费用报销单等。下面以领料单为例，说明自制一次凭证的填制规范。如图2-1所示的是简易的领料单样式。

领料单 No

201 年 月 日

材料名称	规格型号	数量	单位	备注

①存根②财务③库管

制料： 审核： 领料人： 发料人：

图2-1 领料单

领料单是生产性企业常见的自制一次凭证，由上图可知，凭证包含凭证名称和编号、编制日期、经济业务内容（如材料名称、规格型号和数量）、领用人和备注等基本内容，这些必备内容的填写规范如表2-1所示。

表2-1

内容	标准
日期	实际的领料日期，可由发料人填写，也可由领料人自己填写
部门负责人	一般是领料人所在部门的主管或经理，签字承担责任
领用人	实际领料人员，由领料人自己填写，可便于日后出现材料领用问题时及时找到当事人进行处理
材料名称	一般填所要领用材料的名称，可由领料人填写，也可由发料人填写，最终将作为仓管员登记材料入库、领用和结存情况的依据
型号/规格	所要领用材料的规格，可由领料人填写，也可由发料人填写，最终将作为仓管员登记材料明细账的依据
数量	所要领用材料的数量与单位，可由领料人填写，也可由发料人填写，最终将作为仓管员核查材料领用及结存情况的依据

续上表

内容	标准
库管	具体发料的人员，由发料人签字确认责任，可便于日后出现材料领用和结存问题时及时找到当事人进行处理
备注	其他需要补充说明的内容或事项

提示 *填写领料单的注意事项*

1.各责任人填写领料单相关内容时，字迹要工整、清晰且力度适中。

2.各责任人填好相关内容后，要检查所领材料的名称、规格、型号、数量、单位、领用人或领用单位以及领用日期等是否正确。

3.各单位根据自身实际情况编制领料单，若领用的材料在一张领料单上记录不完，就需要另起一张领料单填写；若有剩余空行，需用斜线划销。

4.领料单上的“部门负责人”要由部门主要负责人签字，如部门主管、经理或其授权的班组长等。

2.1.3 累计凭证

累计凭证是指在一定时期内多次记录发生的同类型经济业务且多次有效的原始凭证，如限额领料单、费用限额卡等。

累计凭证的特点是在一张凭证内可以连续登记相同性质的经济业务，随时结出累计数及结余数，并按照费用限额进行费用控制，期末按实际发生额（即当期累计数）记账。

累计凭证和一次凭证是相对而言的，限额领料单和一次凭证里的领料单的唯一不同之处在于：如果几个经济业务是相同性质的，那么在这种情况下，这几项经济业务是可以在不同的时间按先后顺序填写在同一张限额领料单上的，可以随时结出累计数和结余数，达到控制材料使用的目的。

同理，费用限额卡也是同样的操作，达到简便操作、随时控制费用的目的。

下面一个案例是某公司领用A产品时填写的限额领料单，可以通过该案例涉及的限额领料单和一次凭证里的领料单进行对比，看出它们之间的异同点，方便记忆和规范填写。

实账处理 分次领取A材料如何填写限额领料单

2019年6月，生产车间分别在6月10日和6月30日从仓库领取15吨和5吨的A材料，仓库使用限额领料单来记录实际的领用情况，这两次分别应怎样填写限额领料单？

限额领料单属于累计凭证，可以多次记录相同性质的经济业务，具体填写样式如图2-2所示。

限额领料单

2019年6月

领料单位：生产车间　　编号：111

用途：生产甲产品　　材料单价：100

计划产量：100　　单位消耗定额：0.3

材料名称及规格			计量单位	全月领用限额	全月实领	
					数量	金额
A材料			吨	30	20	2 000
领料日期	请料单	实发数	结余数	领料人	领料单位主管	发料人
6月10日	15	15	15	刘一一	王思	王洪水
6月30日	5	5	10	秦天	王思	王洪水

供应部门负责人：柳元　　生产计划部门负责人：王思　　库管：王洪水

图2-2 限额领料单

从上面案例可以看出，限额领料单的内容和一次性领料单的内容相比增加的主要内容是：全月实领累计数量、最后一次领过之后的结余数以及全月领用限额等。还有最主要的就是限额领料单把不同时间的两次领料行为记录在这一张单子上，并计算领用累计数和结余数。

2.1.4 记账编制凭证

记账编制凭证是一种自制原始凭证，它由会计人员根据一定时期内某一账户的记录结果，对某一特定事项进行归类、整理、编制形成的。其编制目的是满足会计核算、账簿记录和经济业务管理的需要。

最常见的记账编制凭证是《制造费用分配表》，下面以某企业10月生产A、B产品分配制造费用为例，说说记账编制凭证的编制。

实账处理 同一车间A、B产品如何分配制造费用

某企业一车间负责生产A、B两种产品，在2019年10月的制造费用明细账中，登记当月制造费用发生额合计9 000元，在计算两种产品的生产成本时，规定按两者的实际生产工时分配制造费用。已知10月A、B两种产品的生产工时分别为1 000小时和2 000小时，共3 000小时，计算制造费用分配率为3（9 000/3 000）。那么，如何编制《制造费用分配表》呢？

由以上已知条件可编制出如表2-2所示的制造费用分配表。

表2-2

制造费用分配表

2019年10月

应借科目		生产工时	分配率	分配金额
生产成本	A产品	1 000	3	3 000
	B产品	2 000	3	6 000
合计		3 000	3	9 000

2.1.5 汇总原始凭证

汇总原始凭证是指在会计实际工作日，为了简化记账凭证的填制工作，将一定时期若干份记录同类经济业务的原始凭证汇总编制而成的一张汇总凭证。它主要集中反映某项经济业务的完成情况。

汇总原始凭证是有关责任者根据经济管理的需要而定期编制的，常见的有发料凭证汇总表、收料凭证汇总表和现金收入汇总表等。接下来以发料凭证汇总表为例，具体说明汇总原始凭证的填制方法。

实账处理 分次发出材料如何汇总

2019年7月甲公司发出主要材料的直接成本为4 500元、5 000元和6 500元，制造费用和管理费用分别为1 000元、2 500元；辅助材料的直接成本为1 000元，制造费用和管理费用分别为1 000元、500元。根据以上资料编制的发料凭证汇总表如图2-3所示。

发料凭证汇总表

2019年7月31日　　　　单位：元

应借科目	应贷科目:原材料					发料合计
	明细科目：主要材料				辅助材料	
	1~10日	11~20日	21~30日	小计		
生产成本	4 500	5 000	6 500	16 000	1 000	17 000
制造费用				1 000	1 000	2 000
管理费用				2 500	500	3 000
合计				19 500	2 500	22 000

图2-3 发料凭证汇总表

因为汇总原始凭证不仅可以为企业提供经济管理所需要的总量指标和综合指标，还可以大大简化会计人员的核算手续，提高核算工作的效率，也可以使企业的会计核算资料更系统化，核算过程更条理化，所以，在规模较大的企业中使用较广泛。

2.2 认识外来原始凭证

外来原始凭证是在经济业务完成时，根据往来单位或个人处直接取得的原始凭证，如企业采购时收到的购货发票、出差人员报账时提供的出差期间车船票和住宿票、货物运单和银行收款通知等。对企业来说，外来原始凭证都是一次凭证。

2.2.1 外来原始凭证的内容及填制

外来原始凭证是企业在与外单位发生经济交易或事项时，由外单位的经办人员填制的凭证。如发票，一般由税务机关统一设计样式然后制定印刷厂印制；其他外来原始凭证也都由相应的主管机关统一印制。这些外来原始凭证在填制时必须加盖出具单位的公章才能生效。

在众多外来原始凭证中，有些是一式多联的，在填制时必须用复写纸套写。如企业向供应商采购材料时收到的发票、银行转来的托运部门运输货物时取得的运单等。如表2-3所示的是外来原始凭证必须具备的各个事项和对应的经济业务内容说明。

表2-3

项目	内容
凭证的名称	外来原始凭证必须有明确的名称，如“××增值税专用发票”“××银行客户专用回单”等。写明凭证名称，可便于凭证管理
填制凭证的日期	一般以经济业务发生的实际日期为准填写凭证的填制日期，便于日后查对账目以及审查经济业务发生的时间是否准确

续上表

项目	内容
单位名称或填制人姓名	填制凭证的单位或个人是经济业务发生的证明人，也是相关凭证的经办人，写明单位名称或填制人姓名，有利于日后出现账务问题时及时找到责任人
经办人员的签名或盖章	是填制凭证时各有关方责任人，有直接经办人和审核人等。这些责任人必须在凭证上签名或盖章，目的是明确其经济责任，防止日后产生经济纠纷
接受凭证单位名称	指本单位的名称，证明经济业务确实是本单位发生的。记载该项目，有利于日后进行查账工作。但要注意，在收到外来原始凭证时，要查看本单位名称是否是全称或者规范的简称，若不是全称且不符合规范的简称，则需要及时联系开票方进行更正。比如，“成都市××五金商贸有限公司”不能简写为“五商公司”
经济业务内容摘要	填制凭证的一方要简明扼要地描述经济业务内容，有助于日后检查经济业务的真实性、合理性和合法性
数量、单价和金额	填制凭证的一方要完整地填写相关经济业务的内容，如商品或材料的名称、规格、型号、数量、单价、金额、税率和税额等。这是对经济业务所做的量化说明，有利于交易双方了解具体的经济业务情况，同时检查其真实性、合理性和合法性。其中，大小写金额必须按规定书写规则准确填写，且两者要一致，否则凭证无效。这样有助于防止舞弊行为的发生

外来原始凭证除了应具备上述表格列示的内容外，还应满足一些特殊的附加条件。如表2-4所示的是不同外来原始凭证的附加条件。

表2-4

凭证种类	附加条件
从外单位取得的原始凭证	应使用统一的样式，且凭证上印有相关部门的专用章，同时还要加盖开具单位的公章
支付款项的原始凭证	必须要附有收款单位或个人的收款证明，不能只以支付款项的凭证代替作为记账依据
购买实物的原始凭证	必须附有相关实物的验收证明

续上表

凭证种类	附加条件
销售货物发生退回并退还货款时的原始凭证	必须以退货发票、退货验收证明和对方的收款收据作为销售货物发生退回并退还货款这一业务的原始凭证
职工出差借款填制的借款凭证	必须附在费用报销单或差旅费报销单等记账凭证之后
经上级有关部门批准的经济业务事项的凭证	应当将批准文件作为原始凭证的附件

2.2.2 外来原始凭证的列举

由外来原始凭证的内容和外来原始凭证的附加条件可知，外来原始凭证的填制要求比较严格。实际工作中，不同的经济业务将产生种类繁多的外来原始凭证，如图2-4所示是定额发票。

图2-4 原始凭证之定额发票

从上图可以看出，小小的一张原始凭证包含了原始凭证该有的所有内容。虽然很多其他发票在形式上千变万化，但它们也只是代表不同的经济业务而已，其基本内容还是一样的。

在现实生活中，几乎所有的发票都属于原始凭证。只是销售商品时开具的发票属于自制原始凭证，外购货物时收到的发票属于外来原始凭证。

如图2-5所示的是一张增值税普通发票，其内容的填写要求比较严格。它与增值税专用发票一样，都要经过专门的税控设备进行打印。

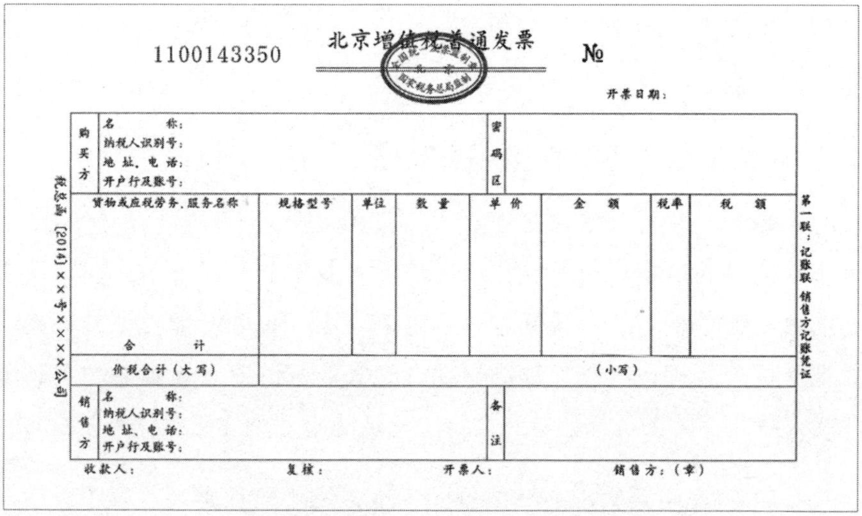

1100143350 北京增值税普通发票 №

开票日期：

购买方	名　　称： 纳税人识别号： 地 址、电 话： 开户行及账号：	密码区					
货物或应税劳务、服务名称	规格型号	单位	数 量	单 价	金　额	税率	税　额
合　　计							
价税合计（大写）				（小写）			
销售方	名　　称： 纳税人识别号： 地 址、电 话： 开户行及账号：	备注					

收款人：　复核：　开票人：　销售方：（章）

税总函［2014］××号×××公司

第一联：记账联　销售方记账凭证

图2-5 外来原始凭证之增值税普通发票

2.3 工作中原始凭证的审核

原始凭证是所有会计工作的原始数据来源，为了能如实反映经济业务的发生和完成情况，且充分发挥会计的监督职能，保证会计信息的真实、准确和完整，就要求原始凭证的记录真实可靠、准确无误，也就要求会计人员必须对原始凭证进行严格审核，只有审核无误的原始凭证才能作为填制记账凭证的依据。审核时主要从内容实质和形式这两方面入手。

2.3.1 从内容实质上审核原始凭证

为了保证核算资料真实、合法、合理且能正确地反映和监督各项经济业务，企业的财会部门和经办业务的有关部门必须认真、严格地审核原始凭证。一般来说，内容实质上要从真实性、合法性和合理性3个方面审核。

（1）审核原始凭证的真实性

对原始凭证进行审核，首先要审核其真实性，不真实的原始凭证不能作为填制记账的依据，也不能作为经济业务发生的书面证明。在审核原始凭证的真实性时，主要审核基本内容是否真实、正确，如凭证的名称、接受凭证单位的名称、填制凭证的日期、经济业务的内容、金额、填制单位和填制人员及有关人员的印章和名称、凭证的附件和凭证的编号等。

凡有如图2-6所示情况之一的原始凭证，均会被认定为内容不真实，不能作为正确的原始凭证用于记账。

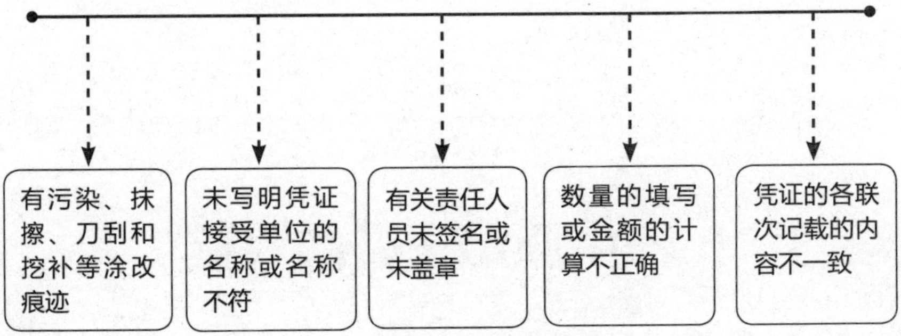

图2-6 原始凭证不真实的情况

（2）审核原始凭证的合法性

审核原始凭证的合法性主要是审核记载的经济业务是否符合党和国家的路线、方针、政策、法律和相关法规。对于不合法的原始凭证，单位的会计人员有权拒绝接受，且不予办理手续；对于情节严重的不合法原始凭证，要及时向单位领导和有关部门反映，以便及时处理。对于业务真实但手续不完备的合法原始凭证，应退回开具单位，并要求经办人员补办手续或进行更正。如图2-7所示的是审核原始凭证合法性的具体操作。

如何审核原始凭证的合法性

1. 审核票据填制的内容和加盖的印章是否符合规范
2. 审核报销票据所附的清单及有关审批手续是否符合要求，是否齐全
3. 从报销原始凭证本身的防伪性能来鉴别原始凭证的真假，确保原始凭证的合法性

图2-7 审核原始凭证的合法性

（3）审核原始凭证的合理性

审核原始凭证的合理性时，以国家的有关方针、政策、法律、法规、制度和相关的计划、合同等为依据，审核原始凭证所记录经济业务是否符合当前企业生产经营活动的需要，检查各项业务是否按照预算的标准展开，以及是否符合有关计划和预算等。

原始凭证经过审核，对于符合要求的原始凭证，应按照规定及时办理会计手续。

2.3.2 从形式上审核原始凭证

完整的原始凭证审核工作不仅体现在内容上，还需要在形式上进行审核。形式上审核原始凭证主要检查项目填写是否完整，数据计算是否准确以及相关手续是否完备等。

由于原始凭证要适用于不同的经济业务，所以其结构和内容就会不同，也就形成了不同类型的原始凭证。而从形式上审核原始凭证时，重点就是审核其结构和形式。如图2-8所示的是几种常用原始凭证在形式上的审核操作。

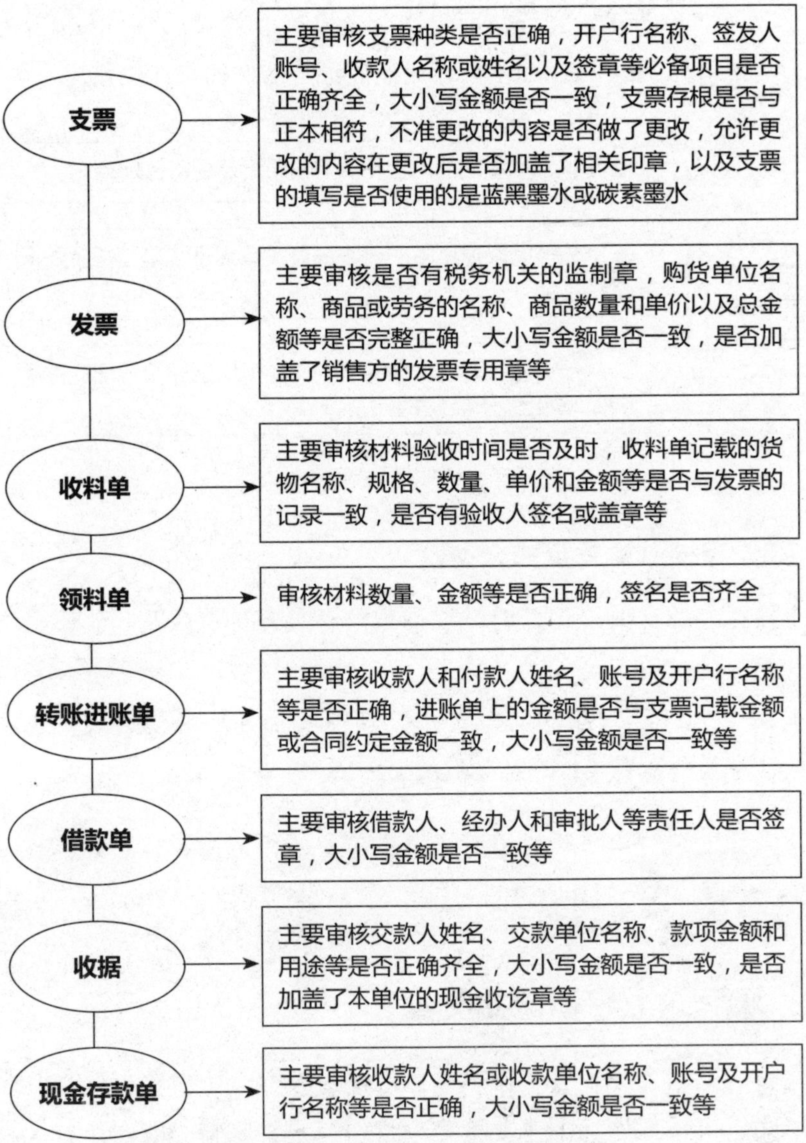

图2-8 原始凭证形式上的审核项目

下一节内容将详细讲解报销的过程，而报销过程中也会涉及票据的审核工作，这里先列举报销时审核票据应注意的审核要点，如图2-9所示。

结合此处的内容和下一节报销工作的内容，可深刻理解原始凭证审核工作及其设计流程。

审查差旅费报销是否符合规定

①核对事前审批表。一般出差都需进行事前审批，报销时需关注是否有经过批准的申请表（包括事后补办的），且要核对审批地址与实际出差地址是否一致，如地点不符或没有审批表，则不予报销（特别审批可报销）。②核对时间。发票的时间与差旅费报销单时间及审批表时间应相符。③核对报销标准。差旅费要按本公司规定的相关标准进行报销。④核对借支。有事前借支的，需在报销单上记录相应的冲账处理。

审查票据与业务是否相符

比如业务人员采购，应取得商品购销发票，如果报账时使用的是服务发票，则这样的发票和实际业务不能对应，自然不允许报销。

审查报销限额是否符合规定

主要审核总体限额，即将某项费用和事先制定的费用计划进行比较，看实际费用支出是否突破了预算总额和使用进度。一旦发现异常，要向领导反映。

审查是否有借支情况

财会人员要通过查询凭证、账簿，了解员工是否有借支行为，若有，要在记录借支业务的地方进行标注，提醒领导在审批报销金额时考虑借支问题。

审查报销时间是否符合规定

审核凭证的填制时间是否符合逻辑，相关凭证是否在规定时间内报销等。

图2-9 审核时应参照的报销制度

原始凭证的审核除了可以概括为内容上的审核和形式上的审核外，从更加细致的角度，还可以分解为原始凭证合法性、真实性、合理性、正确性和完整性的审核。

不管从哪个角度理解和实施原始凭证的审核工作，都要注意原始凭证的审核应及时，这样才可以及时发现经济业务是否存在错误，相关数据是否正确，防止财经违法、违规事件的发生，这样有利于保护企业投资人和债权人的合法权益。

2.4 一般情况下的报销流程

为了控制公司的费用开支，提高现金使用效率，保证财务支出审核审批工作健康、及时且有序地运行，同时为加强财务管理工作，企业应做出统一的费用报销规定，规范报销流程。实际经营过程中会涉及很多费用支出，有些可报销，有些不能，本节将从费用报销的要求和流程等方面来了解费用报销工作。

2.4.1 日常费用报销的内容

为了明确公司费用列支标准，加强公司内部管理，规范和完善费用报销手续及程序，全面、真实地反映费用的实际发生情况，严格控制不合理、不必要费用的发生及支出，企业要对发生的部分日常费用进行审批，审批通过后才可报销。但企业的日常业务种类繁多，如何将种类多样的费用按照会计的方式分类，方便后期记账呢？这里将经常发生的一些费用项目进行分类，具体如表2-5所示。

表2-5

项目	内容
会议费	指企业召开各种会议支付的会议住宿费、会议伙食补助费、会议交通费、会场租赁费和会议公杂费等各项费用

续上表

项目	内容
职工福利	包括职工取暖费、高温补贴费和上下班交通补贴等
办公费	包括各部门办公耗用的文具、纸张，办公设备耗用的印刷费、邮寄费、电话费，征订报刊杂志费以及办公场所的物业费和供暖费等
低值易耗品	指使用年限超过一年且单件价值在100元（含）～2 000元（不含）之间的各种办公类用品的费用开支
修理费	指各种财产、商品设备等的修理费用，如商品维修费、固定资产的修理费和低值易耗品的维修费用等
交通费	指交通车辆耗用的燃料、消耗性材料、润滑油脂、养路费、审验费、牌照费和过路过桥费等
劳动保护费	指各种劳动保护用品、防暑降温用品等的支出
水电费	指企业办公耗用的水费、电费及照明用材料费等
涉外费	指企业在涉外经济活动中发生的各项费用，包括按规定支付的培训费、接待外宾费用等
诉讼费	指企业因起诉、应诉和保全等法律事项发生的费用
咨询和中介机构费	咨询费指向中介机构进行经营、管理、科学、技术等方面咨询所发生的费用。中介机构费指聘请会计师事务所、法律事务所及其他中介机构等发生的费用

2.4.2 日常费用报销的流程

日常费用指日常发生的、经常性的、金额较小的费用（不含工资、加工费和货款等），该类费用一律通过填写“费用报销单”进行报销。费用报销单必须由报销人亲自填写，并且交由不同的部门审批签字，最后才能拿到报销款。

总的来说，费用报销单的加工分别是内容上的填写和流程上的签字，其中，签字过程包含票据的审核工作，具体如图2-10所示。

“费用报销单”的内容和附件内容、大小写金额等必须一致，如不一致，则按最小金额报销，或不予报销。

“费用报销单”背后应附带发票、入库单、请购单（即采购申请单）和送货单（此单在采购材料、办公用品和物料消耗品时提供）等原始票据。

“费用报销单”的附件一律用胶水粘贴在报销单的后面，并保证附件正面朝上，不得倒置。

图2-10 费用报销单的附件审核

了解了有关报销的细节事项，下面列出报销流程，如图2-11所示。

第一步：报销本人填写报销申请单，并粘贴原始凭证。

↓

第二步：相关部门负责人在报销申请单上签字，并由本部门负责。

↓

第三步：财务部审核并签字。

↓

第四步：总经理批准并签字。

↓

第五步：财务部办理报销手续，入账。

图2-11 报销流程

第3章

记账凭证的填制和会计账簿的登记

记账凭证是一种通用凭证，有借方和贷方，且借贷双方金额合计数必须相等，它是根据经济业务单据（即原始凭证），按照会计借贷记账法的记账规则编制的。会计账簿是一种簿记，主要根据记账凭证记录的经济业务进行登记，对记账凭证中各会计科目进行归类、汇总。

3.1 记账的依据：记账凭证

记账凭证是财会部门根据审核无误的原始凭证或原始凭证汇总表填制的，记载经济业务简要内容并确定会计分录的会计凭证。它按照登记会计账簿的要求，确定账户名称、记账方向（应借、应贷）和金额，因此是登记各种明细分类账和总分类账的依据，也称为分录凭证或记账凭单。

3.1.1 记账凭证的分类和内容

记账凭证按照不同的分类依据，可分为不同类型，但它们主要的内容还是一致的。

（1）记账凭证的分类

按用途分类。可分为专用记账凭证和通用记账凭证两类。专用记账凭证是指分类反映经济业务的记账凭证，适用于业务较繁杂的企业；通用记账凭证是指用来反映所有经济业务的记账凭证，它主要适用于业务量较小或业务较单一的企业。细化的分类如图3-1所示。

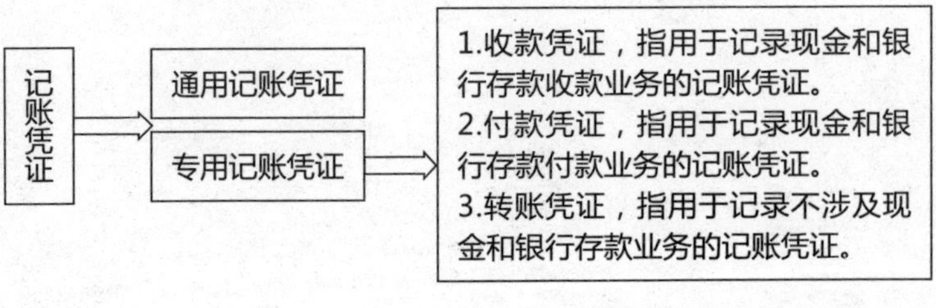

图3-1 记账凭证按用途分类

按填列会计科目的数目分类。可分为单式记账凭证和复式记账凭证两类。其中，单式记账凭证是指每一张记账凭证只填列某一个经济业务事项涉及的一个会计科目及其金额的记账凭证，填列借方科目的称为借项凭证，填列贷方科目的称为贷项凭证；复式记账凭证是指将每一笔经济业务事项涉及的全部会计科目及其发生额都在同一张记账凭证中反映出来的一种凭证，包括借方所有科目和贷方所有科目。

按包括的内容分类。可分为单一记账凭证、汇总记账凭证和科目汇总表。这3类记账凭证的具体介绍如图3-2所示。

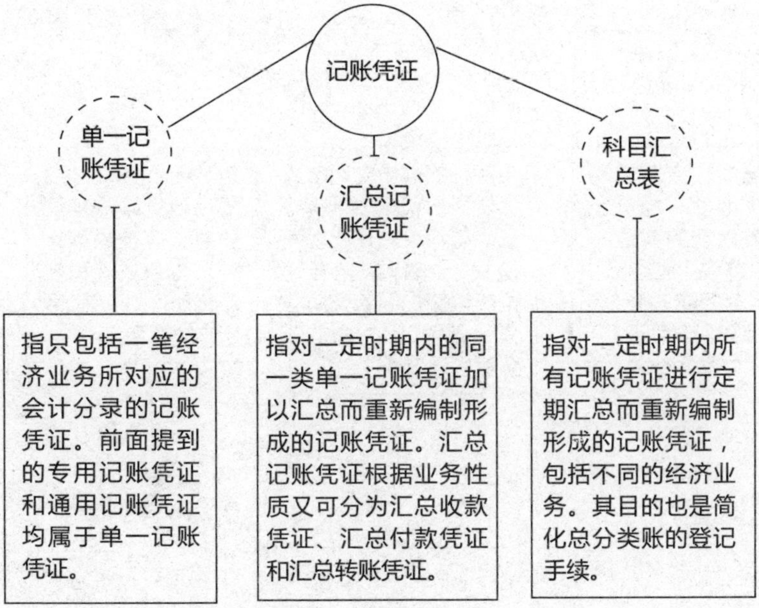

图3-2 记账凭证按内容分类

（2）记账凭证的内容

作为登记账簿的依据，记账凭证的内容一定要完整、正确。那么，一张记账凭证究竟包括哪些内容呢？如图3-3所示，可知记账凭证一般包括9项内容。

记账凭证的内容

凭证名称及填制单位名称

填制凭证的日期

所附原始凭证的张数

凭证的编号

会计主管、记账、审核、出纳、制单等有关人员的签章

会计科目和记账方向

经济业务事项的内容摘要

经济业务事项的金额

记账标记

图3-3 记账凭证的内容

3.1.2 记账凭证的填制

记账凭证的填制应满足如图3-4所示的6点要求。

摘要栏应简单明了地填写经济业务内容的要点，文字说明应准确、简练且能概括经济业务大致情况。

金额栏的数字应对准借贷栏次和账户行次正确填写，防止出现错栏、串行。角分位不留空白，若无角分，则填0、空白的金额栏划斜线注销。

各种记账凭证必须每月连续编号，编号时，可按收款凭证、付款凭证和转账凭证分别从第1号起连续编号。

记账凭证的主体内容填写完毕后，要与相关原始凭证进行核对，确认无误后由相关负责人签名或盖章。

每张记账凭证都要注明所附原始凭证或原始凭证汇总表（附件）的张数，便于日后查账。若附件中有重要资料或原始凭证数量过多，则要单独保管附件，并在相应的记账凭证摘要栏中说明具体情况，并注明附件的保管位置和编号。

正确填写各会计科目，不得随意变更科目的名称和其核算内容，保证会计记录的口径一致，便于汇总会计信息。会计科目的应借、应贷对应关系必须清晰，总账科目和明细科目要填写齐全，保证能正确反映经济业务具体情况并有利于分析经济业务的完成情况。

图3-4 填制记账凭证的要求

记账凭证在填制时除了要满足如上6点要求外，还应严格遵守填制记账凭证的基本要求，即真实可靠、内容完整、填制及时和书写清楚。

在填制记账凭证时，一般按用途分类填制，其中专用记账凭证的运用最为普遍。它们的编制要求分别是怎样的呢？

◆ 收款凭证的编制要求

收款凭证左上角的“借方科目”按收款的性质填写“库存现金”或“银行存款”科目；日期填写的是编制本凭证的日期；右上角填写收款凭证的顺序号；“摘要”填写所记录的经济业务的简要说明；“贷方科目”栏填写与收入现金或银行存款相对应的会计科目；“金额”栏填写该项经济业务事项涉及的各会计科目的发生额；“记账”栏标记该凭证已登记账簿的记号，防止经济业务事项重记或漏记；凭证右边“附件××张”填写本记账凭证所附原始凭证的张数；最下边分别由有关人员签章，以明确各自的经济责任，如图3-5所示的是一张收款凭证。

收　款　凭　证　　　　出纳编号______

借方科目：　　　　年　月　日　　　　制单编号______

对方单位（或领款人）	摘要	贷方科目		金额										记账符号
		总账科目	明细科目	千	百	十	万	千	百	十	元	角	分	
		合计金额												

附凭证　　张

会计主管　　　记账　　　出纳　　　审核　　　制单

图3-5 收款凭证

◆ 付款凭证的编制要求

付款凭证的编制方法与收款凭证基本相同，只是左上角由“借方科目”换为“贷方科目”，凭证中间的“贷方科目”栏换为“借方科目”栏，原则上，按付款业务的性质填写“库存现金”或“银行存款”科目，但对于涉及“库存现金”和“银行存款”之间划转款项的经济业务，为了避免重复记录，一般只编制付款凭证，不编制收款凭证，如提取现金只编制银行存款付款凭证，现金送存银行只编制现金付款凭证，如图3-6所示的是一张付款凭证。

付　款　凭　证

出纳编号________

贷方科目：　　年　月　日　　制单编号________

对方单位（或领款人）	摘要	借方科目		金额										记账符号
		总账科目	明细科目	千	百	十	万	千	百	十	元	角	分	
		合计金额												

附凭证　张

会计主管　　记账　　出纳　　审核　　制单

图3-6 付款凭证

◆ 转账凭证的编制要求

转账凭证是将经济业务事项中涉及的全部会计科目，按先借后贷的顺序记入会计科目栏中的“总账科目”和“明细科目”，并按应借、应贷方向将科目对应的金额分别记入“借方金额”或“贷方金额”栏。其他项目的填列与收、付款凭证相同，如图3-7所示的是一张转账凭证。

转　账　凭　证

年　月　日　　凭证编号________

摘　要	总账科目	明细科目	借方										贷方										记账符号
			千	百	十	万	千	百	十	元	角	分	千	百	十	万	千	百	十	元	角	分	
		合计金额																					

附凭证　张

会计主管　　记账　　出纳　　审核　　制单

图3-7 转账凭证

3.1.3 记账凭证的审核

所有填制好的记账凭证都必须经过其他会计人员的认真审核，审核工作包括内容上的审核和一些注意事项。

（1）记账凭证的审核内容

在会计处理过程中，只有经过审核无误的记账凭证才能作为登记账簿的依据。所以，财会人员必须掌握记账凭证的审核工作，如图3-8所示的是记账凭证的3项基本审核内容。

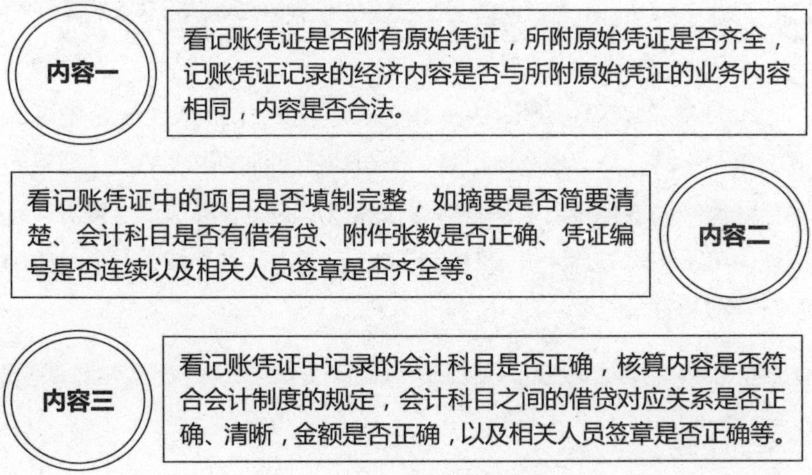

图3-8 记账凭证的审核内容

（2）审核记账凭证应注意的问题

审核记账凭证是为了正确登记会计账簿，同时监督单位的各项经济业务，从而帮助管理者更好地管控企业。

除了需要编制记账凭证的人员认真负责、正确填制和加强自审外，各单位还应建立专人审核制度，有效且全面地实施记账凭证的审核工作。在审核过程中，如果发现差错，应及时查明原因，按规定办法及时处理和更正错账。

不仅是记账凭证，其他会计凭证也要进行严格的审核，这是保证会计信息质量的有效方法，也是发挥会计监督职能的重要手段。

会计凭证的审核是一项政策性很强的工作，要做好这项工作，正确发挥监督作用，首先财会人员需要熟悉和掌握国家相关政策、规章制度和法律、法规，同时还要熟悉和了解本单位的相关经营计划、预算及实际经营情况。

3.2 会计账簿分类及其启用登记

会计账簿简称账簿，是由具有一定格式且相互联系的账页组成，用来序时、分类地全面记录一个单位经济业务事项的会计簿籍。会计账簿的设置和登记工作是会计核算工作的重要环节，连接着会计凭证的填制和财务会计报表的编制这两大工作，对于加强一个单位的经济管理具有很重要的作用。

3.2.1 会计账簿概述

会计账簿的登记要以审核无误的会计凭证为依据，全面、系统、连续且分类地记录和核算一个单位在特定会计期间的全部经济业务。虽然账簿的类型有很多，但都需要具备应有的基本内容。

（1）会计账簿的基本内容

各单位均应按照会计核算的基本要求和会计规范的有关规定，结合本单位经济业务的特点和经营管理的需要，设置必要的账簿，并认真做好记账工作。虽然各种账簿的形式和格式多种多样，但均应具备如表3-1所示的组成内容。

表3-1

项目	内容
封面	标明账簿的名称，如总分类账簿、现金日记账和银行存款日记账等
扉页	标明会计账簿的使用信息，如科目索引、账簿启用和经管人员一览表等
账页	账簿是用来记录经济业务事项的载体，其账页格式会因为反映的经济业务内容不同而不同，但基本格式应包括如下6点。 1.账户的名称，即总账科目、明细科目等的名称； 2.日期栏，记录登记账簿的日期； 3.记账凭证的种类和号数栏，记录凭证的类型和编号； 4.摘要栏，记录经济业务内容的简要说明； 5.金额栏，记录经济业务涉及科目的金额增减变动和余额； 6.总页次和分户页次栏

（2）会计账簿的分类

实际会计工作中，为了更好地了解和使用各种账簿，财会人员必须对账簿进行必要的分类，主要分类依据有外表形式、用途、内容和登记方法等。其中，最常见的是根据外表形式和用途进行划分。

◆ 账簿按用途分类

会计账簿按用途不同分为序时账簿、分类账簿和备查账簿3类。

序时账簿又称日记账，是按照经济业务发生或完成的时间先后顺序逐日逐笔进行登记的账簿。根据其记录内容的不同，又分为普通日记账和特种日记账两种，常见的普通日记账是顺序式的，其简要格式如表3-2所示。

表3-2

<table>
<tr><td colspan="10" align="right">第　页</td></tr>
<tr><td colspan="2">年</td><td colspan="2">凭证</td><td rowspan="2">摘要</td><td rowspan="2">账页</td><td rowspan="2">会计科目</td><td rowspan="2">借方金额</td><td rowspan="2">贷方金额</td><td rowspan="2">余额</td></tr>
<tr><td>月</td><td>日</td><td>字</td><td>号</td></tr>
<tr><td></td><td></td><td></td><td></td><td></td><td></td><td></td><td></td><td></td><td></td></tr>
</table>

现金日记账和银行存款日记账的账页格式分别如图3-9和图3-10所示。

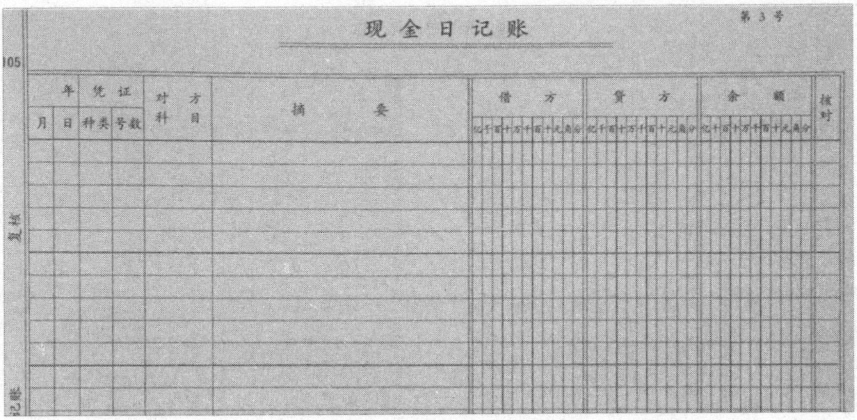

图3-9 现金日记账

图3-10 银行存款日记账

提示 *普通日记账和特种日记账的区别*

1.普通日记账是将企业每天发生的所有经济业务，不论其性质，按其先后顺序，编成会计分录记入账簿。

2.特种日记账是按照经济业务性质单独设置的账簿，它只将特定项目按经济业务发生的时间顺序记入账簿，反映业务的详细情况，如现金日记账和银行存款日记账。各单位无论规模大小，均应设置现金日记账和银行存款日记账这两类特种日记账。

分类账簿是指对全部经济业务事项按照会计要素的具体类别设置分类账户进行登记的账簿。另外，按其提供的数据信息详细程度不同，又分为总分类账和明细分类账，如图3-11所示。

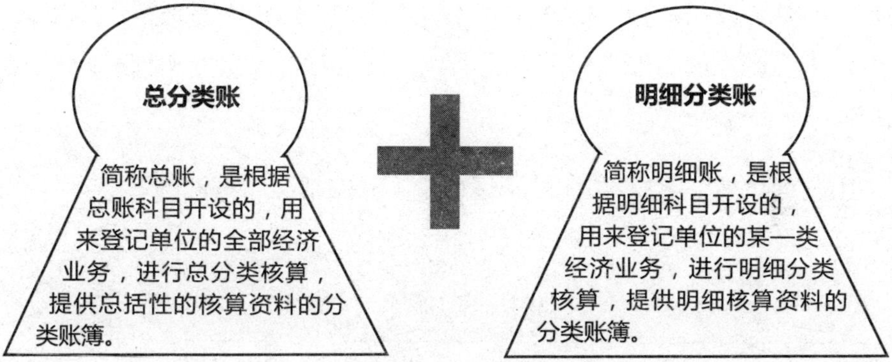

图3-11 两种分类账簿

备查账簿又称辅助账簿，是对某些在序时账簿和分类账簿等主要账簿中都不予登记或登记不够详细的经济业务事项进行补充登记时使用的账簿。它可以作为对某些经济业务的内容提供必要的参考资料。

备查账簿没有固定的格式，也并非一定要设置，各单位可以根据自身实际经营需要来决定是否设置。工作中常见的备查账簿有固定资产登记簿、代销商品登记簿等。

◆ 账簿按外表形式分类

会计账簿按其外表形式不同，可分为订本式账簿、活页式账簿以及卡片式账簿。

订本式账簿简称订本账，是在启用前就将编有顺序页码的一定数量的账页装订成册的账簿。这种账簿一般适用于重要的和具有统驭性的账户。其中，现金日记账和银行存款日记账等特种日记账以及总分类账必须采用订本账形式。

活页式账簿简称活页账，是先将一定数量的账页置于活页夹内，可根据记账内容的变化而随时增加或减少部分账页的账簿。这种账簿一般适用于各种明细分类账。

卡片式账簿简称卡片账，是将一定数量的卡片式账页存放于专设的卡片箱中，且可根据需要随时增添卡片的账簿。卡片账一般适用于低值易耗品或固定资产等的明细核算。在我国，目前只对固定资产明细账采用卡片账形式。

由此可知，以上3种账簿分别适用于不同的情况和不同的账户。而订本账和活页账有各自的优缺点，如表3-3所示。

表3-3

账簿	优点	缺点
订本账	可以避免账页散失，防止账页被抽换，使用起来较安全	同一账簿在同一时间只能由一人登记，记账时不便于会计人员分工协作，也不便于计算机打印记账
活页账	可根据实际需要随时增添账页，不会浪费账页，使用灵活且便于同时分工记账	账页容易散失和被抽换，使用起来不安全

提示 *账簿与账户的关系*

1.账户存在于账簿之中，账簿中的每一张账页就是账户的存在形式和载体，没有账簿，账户就无法体现出来。实际上，账簿与账户是载体和对象的关系。

2.账簿是在不同的账户中序时、分类地记载经济业务，因此，账簿只是一个外在形式，而账户才是具体的真实内容。由此可见，账簿与账户又是形式和内容的关系。

3.2.2 会计账簿的启用与登记

为了加强经济核算工作，提高经营管理水平，各单位有必要设置和登记账簿，因为这项工作可以把会计凭证提供的大量而分散的核算资料进行归类整理，全面、系统且连续地反映单位的经济活动情况。

（1）会计账簿的启用

启用会计账簿时，应在账簿的有关位置记录如表3-4所示的相关信息。

表3-4

项目	内容
设置账簿的封面	由于订本账事先已装订成册，所以不再另设封面，其他活页账都应设置封面和封底，登记单位名称、账簿名称和所属会计年度
登记账簿启用信息及经管人员一览表	启用新的会计账簿时，要先在扉页的“账簿启用及交接表”中填写启用说明，包括单位名称、账簿名称和编号、起止日期以及单位负责人、主管会计、审计人员和记账人员等相关人员的姓名，同时加盖单位公章。若会计人员有变动，应在办理交接手续后填写“账簿启用及交接表”中的交接说明
填写账户索引目录	总账应按照会计科目的编号顺序填写名称及启用页码；明细账应按照所属总账科目填写明细科目的名称，年度结账后撤去空白账页，然后在索引目录中填写对应的使用页码
粘贴印花税票	单位用于记载金额的营业账簿需要缴纳印花税，所以需要在这类账簿（记录实收资本和资本公积）的右上角粘贴印花税票，并划线注销。如果使用缴款书缴纳印花税，应在账簿的右上角注明“印花税已缴”字样及相应的缴款金额

提示 *账簿启用和账簿设置中易犯的错误*

1.账簿启用中的常见错误：账簿封面及扉页上所列项目未填写或填写不齐全，无法明确相关人的责任，使其掩盖在职期间的有关非法行为。

2.账簿设置中的常见错误：①账簿设置不合理，有些需要进行明细分析的账户未设明细账，或有的需要进行备查登记的没有设置备查登记簿，不能详细反映经济活动情况；②所设账簿未能形成良好的账簿体系。

（2）会计账簿的登记

为了保证账簿记录的正确性和准确性，登记时必须符合以下要求。

◆ 项目齐全，内容完整

登记账簿时，需将账页中的日期、凭证编号、摘要、会计科目和金额等项目填写齐全，摘要简洁明了，书写规范整齐，字迹清晰无误，日期要填写记账凭证的填制日期。每一张记账凭证中涉及的内容登记到账簿中后都要在凭证的“记账”栏内划“√”符号，表示记账完毕，这样可避免重记或漏记。每登记一张记账凭证前，必须先进行审核，确认无误后再登账；若发现记账凭证有误，需暂停登记，报告会计主管人员，做出相应处理，然后再根据正确的账目登记账簿。任何情况下，财会人员都不得擅自更改记账凭证的记录。

◆ 不同的账簿根据自身要求进行登记

如图3-12所示的是常见账簿的登记要求。

总分类账

记账凭证账务处理程序下，总账可直接根据所有记账凭证登记；汇总记账凭证账务处理程序下，总账根据汇总记账凭证登记；科目汇总表账务处理程序下，总账根据科目汇总表登记。因此，从时间上来看，总账可3～5天登记一次，也可按旬、半月或一个月登记一次

明细分类账

明细分类账直接根据原始凭证或记账凭证登记，因此需要密切贴合经济业务的发生时间进行登记

现金日记账和银行存款日记账

一般应随时根据手续办理完毕的收款凭证和付款凭证进行逐笔登记，若不能随时登记，也要保证每天登记一次，且做到每日结出余额

图3-12 各种常见账簿的登记要求

◆ 要符合书写规范

为了保持账簿记录的持久性，且避免记录被擅自涂改，除特殊记账需要可使用红色墨水外，其余记账工作必须使用蓝黑墨水或碳素墨水，且必须使用钢笔或签字笔书写，不得使用圆珠笔或铅笔（银行的复写账簿除

外）。特殊记账包括结账、改错账、冲账和登记减少数等。

另外，书写时文字和数字的大小要适中，一般占格距的1/2，不能写满格，这样便于在发生错账时进行错账更正。换句话说，账簿记录发生错误时，不得涂改、挖补、刮擦或用褪色药水消除字迹后重新抄写。

◆ 连续登记

登记账簿时，必须按账户页次逐行逐页登记，不得隔行、跳页，若不小心发生隔行、跳页，应在空行、空页处划红色对角线注销，或在空行、空页处加盖“此行空白”和“此页空白”戳记，并由记账人员签章。

为了保证账目的连续性，会计人员在每张账页记录完毕后，应先结出本页合计数和余额，并在本页最后一行摘要栏内注明“过次页”字样，然后在下一账页的第一行摘要栏内注明“承前页”字样，并将上一账页结出的余额写在本页的第一行记录内。实际工作中，也可不在上一页最后一行结出发生额合计和余额，而直接在下一页第一行写出发生额合计和余额。

《会计基础工作规范》对“过次页”的本页合计数的结计方法做了如图3-13的具体规定。

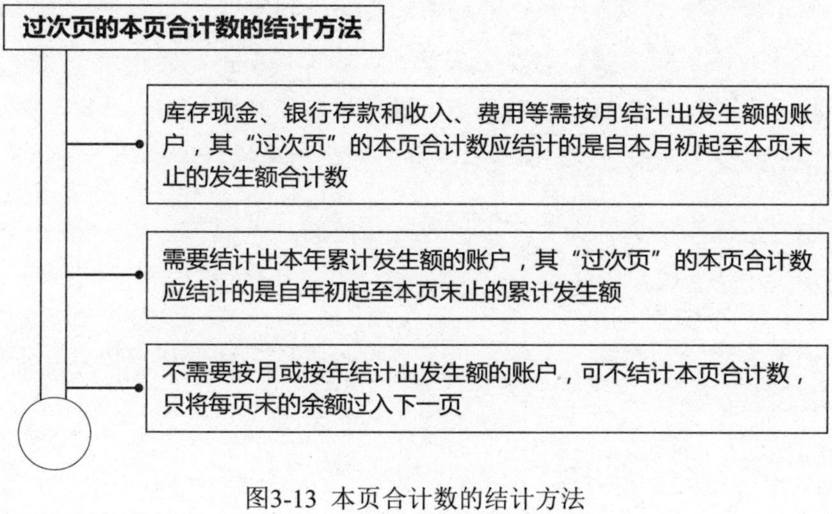

图3-13 本页合计数的结计方法

◆ 余额结计要求

凡需要结出余额的账户，结出余额后，应在“借或贷”栏内写明“借”“贷”或“平”字样表明余额方向，并在“余额”栏内写清余额的具体金额。没有余额的账户，应在“借或贷”栏内写“平”字，并在余额栏内“元”字的位置用“0”表示。

年度更换新账簿或者年度终了结账时，必须在旧账簿的最后一页的最后一行注明“结转下年”字样，同时在新账簿的第一页第一行注明“上年结转”字样。

◆ 定期打印

为了便于审计和保证单位的会计信息安全与完整，实行会计电算化的单位必须按照《会计基础工作规范》的相关要求定期打印账簿。如总账和明细账应定期打印；发生收款和付款业务的，在系统中录入收款凭证和付款凭证的当天必须打印出现金日记账和银行存款日记账，并与库存现金实有数及银行对账单进行核对。

（3）会计账簿的其他工作细节

为了反映会计主体在某一时点的财务状况以及在一定时期内的经营成果，会计人员就必须结计出当期发生额合计数和期末余额，并定期进行结账工作和有关账簿之间的核对工作，确认结账工作无误后，才能根据有关账簿编制财务会计报表，同时向有关各方提供所需的会计信息。

结账后，相关会计人员还要做好账簿的装订及保管工作，装订和保管都要按照相应的规定执行。

通过登记会计账簿，不仅可以分类反映各项会计信息，提供一定时期内会计主体的经济活动详细情况，还可以总括这些会计信息，为有关各方提供决策所需的数据和资料。

3.3 怎样发现错账及如何更改

在登记会计账簿的过程中，可能会发生一些错误。记账稍有不慎就会出现错账，而且查起来很费劲，所以有人说“记账容易查账难”。那么，如何快速发现会计账簿中的错误记录呢？又有哪些找到错账和修正错账的方法呢？本节内容将对这些问题作详细说明。

3.3.1 错账的发现

财会人员要想减少查错账的时间，查错账的方法就值得研究和探讨。其实，实际工作中很多错账都有一定规律，掌握了这些规律，查错账就比较容易。下面介绍几种常见的且应用简便的查找错账的方法。

（1）差数法

差数法是按照错账的差数查找错账的方法，其表现形式有：借方金额遗漏，使该金额在贷方超出；贷方金额遗漏，使该金额在借方超出等。实际工作中有以下两种错账可用此法，如表3-5所示。

表3-5

错账类型	具体表现
重记或漏记	指因记账疏忽而重记或漏记了本期内同样金额的一笔或多笔账，这类错账直接通过查找差数就能找到。比如，现金日记账余额与库存现金实有数之间的差数为2 000元，则经查找发现当期共发生了6笔金额为200元的现金收付业务，此时可初步判断错账为重记或漏记，接下来只需逐一查找金额为200元的账目，看是否有重记或漏记的现象。若最终未发现重记或漏记问题，则需考虑使用其他方法查找错账

续上表

错账类型	具体表现
串户	串户可分为记账串户和科目汇总串户两种情况。 如记账凭证上是应收账款1 000元，而登记账簿时写成了应付账款1 000元，这时资产负债表的结果是平的，但核对总账和明细账时应收账款和应付账款各差1 000元，这属于记账串户。这时可用差数法查应收账款账户或应付账款账户有关1 000元的账是否登记正确； 又如，科目汇总时将应收账款1 000元误写成应付账款1 000元，同样在核对总账和明细账时应收账款和应付账款各差1 000元，若检查没有记账串户，则很可能就是科目汇总串户，同样查应收账款账户或应付账款账户有关1 000元的账是否登记正确

（2）除2法

除2法是指以差数除以2来查找错账的方法。当某个借方金额错记入贷方（或借方）时，出现错账的差数表现为错误的两倍，将此差数除以2，得出的商就是反向的金额。例如，如果资产负债表的借贷方余额不平衡，其差数是2 624，这个差数是偶数，那就存在记错方向的可能，只需要计算2 624/2=1 312，找出是否存在1 312元这笔账且方向记反了。如果差数不能被2除尽或差数为奇数，那就不可能是方向记反了，也就不适用除2法。

（3）除9法

除9法是指以差数除以9来查找错账的方法，适合如图3-14所示的3种情况。

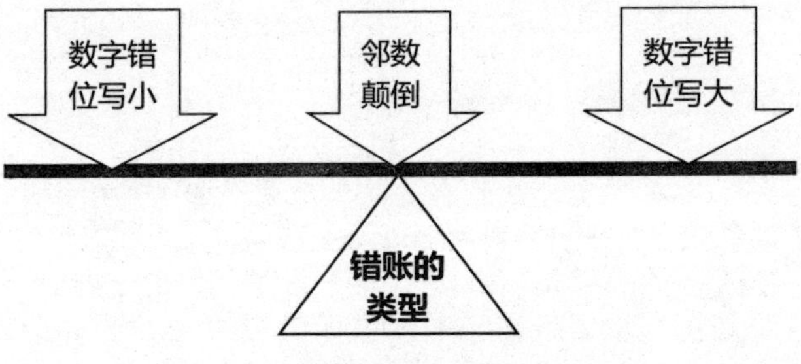

图3-14 除9法适用的错账类型

上图是除9法适用的3种情况，那么这3种情况具体该如何应用呢？这里分两种情况（1.数字错位；2.邻数倒置）讨论并举例，如图3-15所示。

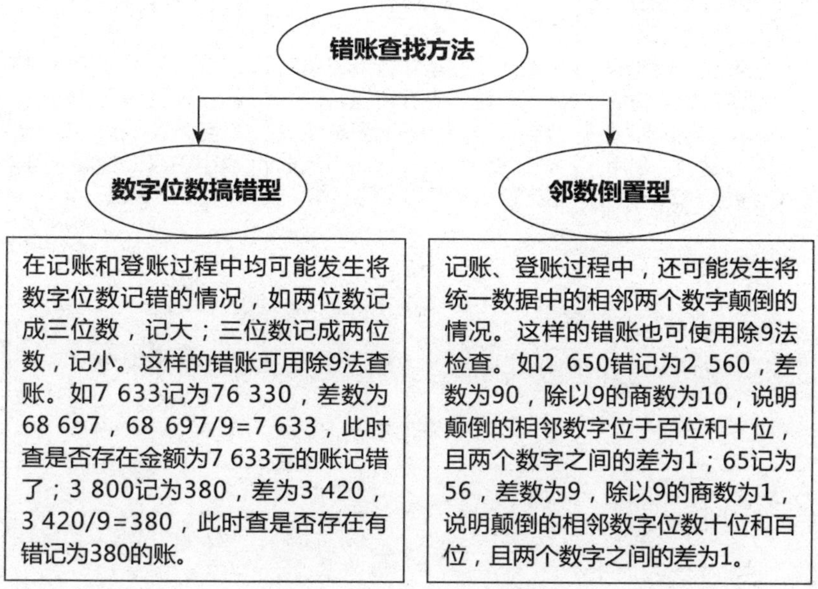

图3-15 除9法查错账的方法

（4）尾数法

尾数法是指对发生的差错只查找末位数的方法，可以提高查找错账的效率。该方法适用于借贷方金额中只有末位数出现差错而其他位数上的数字都正确的情况。

比如，在编制试算平衡表时，发现所有科目的借方合计数比贷方合计数多了0.57，则可查找看是否有小数点部分为0.57元的业务数据填错了。

3.3.2 错账更正方法

账簿登记中的错误一般是工作疏忽或熟练程度不够造成的，而更正错账的方法一般有3种，即划线更正法、红字更正法和补充登记法。先来看看什么情况下采用什么更正方法，如图3-16所示。

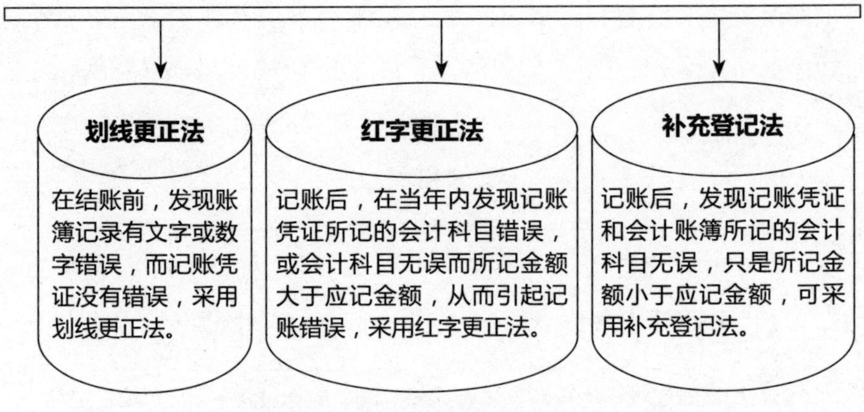

图3-16 不同情况下的更正方法

上述不同情况下使用的错账更正方法，其具体操作步骤如表3-6所示。

表3-6

方法	改写步骤
划线更正法	更正时，可在错误的文字或除金额外的数字上划一条红线，在红线的上方填写正确的文字或数字，并由记账及相关人员在更正处盖章。对于错误的数字，应全部划红线更正，不得只更正其中的错误数字，比如将71记成77，不能只用红线划去个位数的7，并在其上方写1，而应划去整个数据77，然后在其上方写出正确的数据71
红字更正法	①记账凭证会计科目错误而金额正确时，用红字填写一张与原始凭证完全相同的记账凭证，以注销原记账凭证，再用蓝字填写一张正确的记账凭证，并据以入账，比如“借：管理费用 100 贷：库存现金 100”这一会计分录中的贷方科目误记成“银行存款”，此时可用红字填写一张会计分录为“借：管理费用 100 贷：银行存款 100”的记账凭证，然后再用蓝字填写一张会计分录为“借：管理费用 100 贷：库存现金 100”的记账凭证；②记账凭证会计科目无误而所记金额大于应记金额时，按多记的金额用红字编制一张与原记账凭证应借、应贷科目完全相同的记账凭证，以冲销多记的金额，并据以入账。当然，该类错账也可使用本方法的第一种手法进行更正
补充登记法	按少记的金额用蓝字编制一张与原记账凭证应借、应贷科目方向完全相同的记账凭证，以补充少记的金额，并据以入账。比如“借：管理费用 100 贷：库存现金 100”中的金额应为1 000元，则直接以蓝字编制一张会计分录为“借：管理费用 900 贷：库存现金 900”的记账凭证

实账处理 **两种不同错账的更正方法**

例1.将4 532元误填为5 432元，且在结账前发现错误。

这种情况采用划线更正法。应先在5 432上划一条红线以示注销，然后在其上方空白处填写正确的数字4 532，不能只将前两位数字更正为45。

例2.甲公司管理部门领用办公用品800元。该公司将会计分录误写为下列分录。

借：管理费用——办公费　　600

　　贷：库存商品　　600

记账后发现原来的账务处理少记了200元，这种情况采用补充登记法。更正时，用蓝字补充少记的金额。

借：管理费用——办公费　　200

　　贷：库存商品　　200

3.4 平常的对账和结账

会计账簿的相关工作到最后就剩对账和结账了。对账就是指在本期内对账簿记录进行核对；结账是指在将本期内所发生的经济业务全部登记入账的基础上，于会计期末按照规定的方法结算账目，包括结计出本期发生额和期末余额。

3.4.1 对账的主要内容

对账就是核对账目，指在会计核算中，为保证账簿记录正确可靠，对账簿中的有关数据进行检查和核对的工作。对账工作包括的主要内容如图3-17所示。

账证核对：是指各种账簿记录与相关的记账凭证及其所附的原始凭证之间的核对。主要核对会计账簿记录与原始凭证和记账凭证的时间、凭证字号、内容和金额等是否一致，记账方向是否正确且一致等。

账账核对：是指各种账簿之间进行的数据核对，看是否相符，主要核对总账与其所属的明细账合计金额是否相符，总账与日记账核对是否相符，财会部门的财产物资明细账与财产物资保管和使用部门的有关明细账之间核对是否相符等。

账实核对：是指各种财产物资的账面余额与其实存数之间的核对，看两者是否相符，主要核对现金日记账的账面余额与其库存现金实有数是否相符，银行存款日记账的账面余额与银行对账单记录的银行存款余额是否相符，固定资产和材料物资等的账面余额是否与其实存数相符，各种应收、应付款是否与有关债务、债权单位或个人的账目相符等。

图3-17 对账的主要内容

3.4.2 对账的规范

为了切实保证会计账簿记录的真实、正确、可靠，财会人员要严格执行对账制度的规定，按照上一小节介绍的对账工作内容，检查账簿记录是否完整，有无错记或漏记，总账与明细账合计数之间是否相等，以达到相应的对账规范，即账证相符、账账相符和账实相符。

（1）核对账证相符

一般来说，在月度终了结账前，财会人员要核对账簿与会计凭证的记录，及时发现错账并进行更正，做到账证相符。具体操作如图3-18所示。

- 有汇总记账凭证或科目汇总表的，看总账与汇总记账凭证或科目汇总表的记录是否相符。
- 看汇总记账凭证或科目汇总表与所有记账凭证的记录是否相符。
- 看明细账与记账凭证及所涉及的支票号码和其他结算票据种类等是否相符。

图3-18 核对账证是否相符的操作

账证相符是保证账账相符和账实相符的基础，因此需首先检查。

（2）核对账账相符

账账相符是指各种账簿之间核对相符，不仅包括本单位各种账簿之间的有关数据应核对相符，还要求本单位与其他单位的往来账应核对相符。具体有如表3-7所示的3种核对方法。

表3-7

方法	使用公式
看总账中所有资产类账户与所有负债及所有者权益类账户的余额合计数是否相符，总账所有账户借方发生额合计与贷方发生额合计是否相等	总账资产类账户余额=∑总账负债、所有者权益类账户余额 总账各账户借方发生额合计=总账各账户贷方发生额合计
看各明细账账户的数据之和与其所属的总账数据是否相等	总账账户的本期发生额=∑该总账下辖的明细账账户本期发生额合计数 总账账户的期初余额=∑该总账下辖的明细账账户期初余额合计数 总账账户的期末余额=∑该总账下辖的明细账账户期末余额合计数
看财务部门的总账、明细账等与有关职能部门的账、卡记录之间是否相符	财务部门的有关财产物资的明细分类账的余额=财产物资保管部门和使用部门经管的明细账期末余额 各种有关债权、债务明细账的余额=有关债务人、债权人的明细账余额

续上表

方法	使用公式
看财务部门的总账、明细账等与有关职能部门的账、卡记录之间是否相符	现金、银行存款日记账余额=总账的库存现金、银行存款账户的余额 已缴国库的利润、税金以及其他预算缴款应在规定的时间与征收机关核对相符

（3）核对账实相符

账实相符即账簿记录与实物、款项等的实有数核对相符。账实相符是会计核算的基本要求。会计账簿的记录是实物、款项等使用情况的价值量体现，其实际的增减变化情况必须在账簿上进行如实登记。所以，财会人员可通过检查会计账簿记录的正确性来发现实物、现金等管理中是否存在问题，具体工作内容如下。

◆ 包括原材料和待售商品在内的所有存货的明细账账面余额，应定期与相应的库存数进行核对；其他办公设备和机器设备等财产物资的明细账账面余额也要定期与相应的实物数量进行核对。这些工作在每年年终时要进行一次全面的清查。

◆ 现金日记账和有价证券等的账面余额要与库存现金、有价证券等实存数进行核对，且应至少每半年核对一次。其中，库存现金要每日清点，做到日清月结；定期清查时，必须有出纳人员、监察人员和财务人员同时在场，查库存现金是否超过规定限额，是否存在坐支现金问题，是否有以借条、收据等冲抵现金的现象。若库存现金发生长短款，应及时查明原因并做处理。

◆ 银行存款日记账的账面余额要与开户银行对账单的银行存款余额进行每月至少一次核对。通常，出纳人员要在每次收到银行对账单后的3日内核对完成，每月编制一次银行存款余额调节表。

◆ 各种债权、债务明细账的账面余额要与债务人、债权人的账面记录进行核对，核对完成后以书面形式向本单位会计主管汇报核对情况，对于存在的不相符或其他问题，应积极采取措施解决。

◆ 出租、租入、出借、借入财产等账簿，除合同期满进行清结外，合同期未满的至少每半年核对一次，以保证账实相符。

通过实施上述对账工作，有利于查明错账的发生原因，进而明确责任，改进管理工作，提高办事效率，使会计核算资料真实、正确且可靠，从而真正做到账证相符、账账相符和账实相符。

3.4.3 结账的程序

为了总结某个会计主体在某一会计期间内的经济活动情况和财务成果，就需要结账。然后以结账结果为准，编制财务会计报表，整合各种账簿的数据信息。通俗地说，结账就是结算各种账簿的记录，包括结算出各账户的本期发生额合计数和期末余额数。大致结账流程如图3-19所示。

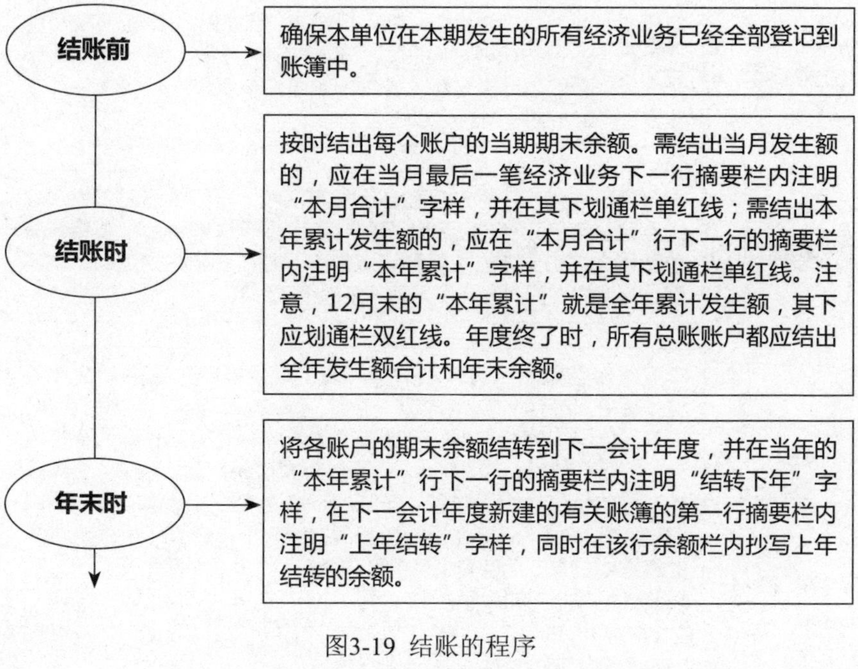

图3-19 结账的程序

在实行会计电算化的企业中，利用专门的财务软件就可在过账时自动完成结账工作。而手工做账的企业，就需要财会人员根据上图所示的步骤完成结账工作。

在手工做账的情形下，各账户在结账时如何处理本期发生额和期末余额呢？显然，不同的账户，其结账工作是有区别的，具体如图3-20所示。

要点一

对于不需要按月结计本期发生额的账户，每次记账后都要随时结出余额，且每月最后一笔经济业务发生后的余额就是月末余额，这样，月末结账时，只需在最后一笔经济业务的下方划通栏单红线，无需再次结计当月的余额。

要点二

对于需要按月结计本期发生额的账户，除了每次记账后都要随时结出余额外，还需在每月最后一笔经济业务下先划一条通栏单红线，然后在下一行摘要栏内注明“本月合计”字样，并在该行的借方、贷方栏内分别结出本月发生额合计数，以及在余额栏抄写最后一笔经济业务发生后的余额，同时还要在该行下方划一条通栏单红线。

要点三

对于需要结计本年累计发生额的账户，结账时，要在“本月合计”行下一行的摘要栏内注明“本年累计”字样，结出自年初起至本月末至的累计发生额，并划一条通栏单红线，12月末的“本年累计”行下划一条通栏双红线。

要点四

对于各总账账户，平时只需结出月末余额，年终结账时，为了总结反映全年各项资金运动情况的全貌，便于核对账目，要将所有总账账户结出全年发生额和年末余额，并在摘要栏内注明“本年累计”字样，同时在其下方划一条通栏双红线。

要点五

年度终了结账时，有余额的账户要将其余额结转到下一会计年度，即在12月的“本年累计”行的下一行摘要栏内注明“结转下年”字样，然后在下一会计年度的新建账簿的第一行摘要栏内注明“上年结转”字样，同时把上年结出的余额抄写在“上年结转”行的余额栏内。注意，账簿的年度之间结转余额不需要填制记账凭证，也不必将结出的余额再次记入下一会计年度相应账户的借方或贷方，而使有余额的账户余额变为0，而是有余额的如实反映在相关账户的余额栏内即可。

图3-20 结账方法的要点

为了总结本单位某一会计期间（月度、季度或年度等）的财务状况和经营成果，便于管理者和投资者等及时了解单位的经营情况，财会人员必须定期做好结账工作。结账前，要按企业财务管理要求和相关制度的规定，先结转制造费用和生产成本，然后做期末调汇和损益结转等工作。若是年底结账，结账前还需结平“本年利润”和“利润分配”账户。

根据相关会计制度的规定，单位损益类科目可每月结转一次，也可每月不结转，待年底时一次性结转。期末，损益类科目的余额将全部结转到“本年利润”科目中，结转后，损益类科目的余额均为零，这一过程即为会计上的损益结转工作。下面以一个简单的案例说明期末如何结转损益。

实账处理 甲公司5月底如何结转损益

甲公司2019年5月发生主营业务收入1 350 000元，主营业务成本912 000元，管理费用20 000元，结转这些损益。

借：主营业务收入	1 350 000	
贷：本年利润		1 350 000
借：本年利润	932 000	
贷：主营业务成本		912 000
管理费用		20 000
借：本年利润	418 000	
贷：利润分配——未分配利润		418 000

由上面的会计分录可以看出，结转后甲公司2019年5月本年利润贷方余额为418 000元，即甲公司5月盈利418 000元。

3.4.4 结账的注意事项

在实际财会工作过程中，结账操作需要注意的问题主要包含如图3-21所示的4点。

不同账户采用不同的结账方法

结账时应根据不同账户的性质和记录要求，分别采用不同的结账方法。如不需按月结出本期发生额的账户有应收账款明细账和财产物资明细账等；需按月结出本期发生额的账户有现金和银行存款日记账等；需结出本年累计发生额的账户有主营业务收入和主营业务成本等明细账

能否用红字结账

账簿记录中，正常登账都用蓝黑墨水或碳素墨水，只有个别特殊情况需要使用红字做账，比如结账时出现负数余额，可用红字在余额栏进行登记，划通栏单、双红线时用红色墨水等。注意，结账时如果余额栏前设置有“借或贷”栏（表示余额方向），则不能使用红字登记余额

结账如何划线

结账划线的目的是突出当期合计数（如本月合计和本年累计）和期末余额（如月末余额和年末余额），表示当期的会计记录已经截止或结束，并与下一会计期间的记录分隔开。根据相关会计政策和制度的规定，月结划单红线，年结划双红线，且划线应为通栏，不应只在账页的金额部分划线

账户余额的填写方法

需要随时结出余额的账户，月末余额就是本月最后一笔经济业务发生后的余额；需要按月结出发生额的账户，如现金日记账、银行存款日记账、各种成本费用和收入等明细账，还要在当月最后一笔经济业务记录的下一行摘要栏内注明“本月合计”字样，同时在借方、贷方栏内结出当月发生额合计数，在余额栏内抄写最后一笔经济业务发生后的余额，这样便于查账；需要结出本年累计发生额的账户，每月结账时，还应在“本月合计”行的下一行摘要栏内注明“本年累计”字样，同时在借方、贷方栏内结出自本年初起至当月末止的发生额合计，但余额栏就无需再抄写余额了

图3-21 结账的注意事项

第4章

流动资产的常用类型及账务处理

流动资产是企业资产中必不可少的组成部分，指企业可在一年或超过一年的一个营业周期内变现或运用的资产。流动资产在周转过程中不断改变其形态，且各种形态的资金与生产、流通密切相关，而最初形态和最终形态都为货币形态。流动资产的周转速度快，变现能力强。

4.1 最活跃的资金：货币资金的核算

货币资金是指表现为货币形态的资金，包括库存现金、银行存款和其他货币资金。它是企业资金运动的起点和终点，也是企业生产经营的前提条件。企业在整个生产、再生产过程中，会产生频繁的货币收支业务。

4.1.1 现金的核算

现金是指可立即投入市场流通的交换媒介，因其具有普遍的可接受性，所以可用于购买商品、货物、劳务以及偿还债务等业务。现金是企业拥有资产中流动性最强的，包括纸币、硬币。

对于企业来说，通常从狭义的角度将现金理解为“库存现金”，即存放在企业内部保险柜中的现钞。所以，我国企业会计将“库存现金”作为一个总账账户，在编制资产负债表时，与“银行存款”账户及“其他货币资金”账户一起并入“货币资金”项目中，列作流动资产。

（1）现金的限额

库存现金限额是指为了保证各单位日常零星开支而按规定允许留存在企业内部的现金最高数额。该限额由单位的开户银行根据单位的实际经营需要和距离开户银行远近等因素综合核定。

一般来说，银行会按照单位3～5天的日常零星开支所需的现金确定库存现金限额，而边远地区和交通不便地区的单位可按多于5天但不超过15天的日常零星开支所需确定其库存现金限额。

凡在银行开户的是独立核算单位，均应核定自身的库存现金限额。若单位在几家银行都开了户，则由其中任意一家银行核定其库存现金限额。

（2）现金的使用范围

虽然现金流通性很强，但在会计处理中，它有特定的使用范围，如图4-1所示。

使用范围

1.支付职工的个人工资、奖金和津贴。

2.支付个人劳务报酬。

3.支付向个人收购农副产品和其他物资的价款。

4.出差人员必须随身携带的差旅费支出。

5.结算起点（1 000元）以下的零星支出。

6.根据国家规定发给个人的科学技术、文化艺术和体育等方面的奖金。

7.支付职工的抚恤金、丧葬补助费和各种劳保、福利，以及国家规定的对个人的其他支出。

8.经中国人民银行确定需要支付现金的其他支出。

图4-1 现金的使用范围

（3）库存现金的核算

由于企业经营过程中直接将现金理解为库存现金，因此接下来就详细学习库存现金的核算。

库存现金指存放在企业财会部门，由出纳人员负责管理的货币资金。企业应严格按照国家有关现金管理的办法对库存现金进行管理，不仅要正确做好库存现金的收支核算，还要监督库存现金的使用是否合法、合理。

◆ 总分类核算

库存现金的总分类核算通过“库存现金”这一总账科目完成，该科目是资产类科目，借方登记库存现金的增加（现金收入），贷方登记库存现金的减少（现金支出），余额一般在借方，表示库存现金的账面余额。

实账处理 甲公司6月份发生的有关库存现金的业务

1.企业销售多余材料取得现金收入580元，增值税税率13%。暂不考虑成本结转。

借：库存现金　　580

　　贷：其他业务收入　　513.27

　　　　应交税费——应交增值税（销项税额）　　66.73

2.企业销售人员田某预借差旅费500元。

借：其他应收款——田某　　500

　　贷：库存现金　　500

3.出纳从银行提取现金1 500元以作备用。

借：库存现金　　1 500

　　贷：银行存款　　1 500

◆ 明细分类核算

库存现金的明细分类核算是通过设置现金日记账完成的。现金日记账是反映和监督现金收、支及结存情况的序时账簿，必须采用订本式，并在启用前为每一账页顺序编号，防止账页丢失或被随意抽换，也便于查阅。

现金日记账一般采取收、付、存三栏式格式，由出纳人员根据审核无误后的原始凭证或现金收款凭证、现金付款凭证和涉及提现业务的银行存款付款凭证等逐日逐笔序时登记。从银行提取现金的业务一般只编制银行存款付款凭证，并据此登记现金日记账。每日终了应计算当天现金收入、支出的合计数和结存数，并与库存现金实有数进行核对，做到日清月结，保证账实相符。不准挪用公款，也不准用“白条”抵充现金库存。

所有收、付款凭证应由出纳人员送交会计人员，作为登记总账和有关明细账的依据。总账中库存现金账户的余额应与现金日记账的余额相等。

提示 *白条抵库的相关情形*

1. “打白条”指以个人或单位的名义，在白纸上书写证明收、支款项或领发货物等经济行为的字样，作为发票并充当原始凭证。

2. 以收据代替发票。这种手法经常被用来避免税务机关的检查而偷逃税款。一些个体私营业主在面对个人消费者时，只开具收据来证明其销售业务的发生，而不开具相关发票。

3.不按发票的规定用途使用发票，如以零售、批发行业的发票来代替餐饮服务行业的发票。

4.不按发票规定的要求开具发票，如不加盖财务专用章、有关人员不签字等。

◆ 账务处理

库存现金的账务处理包括库存现金的增加、减少和清查等内容，而这些内容的账务处理要点主要有如表4-1所示的4点。

表4-1

内容	账务处理要点
核算内容	“库存现金”科目核算企业的库存现金数量，实施备用金制度的，可在该科目下设置“备用金”明细科目
库存现金的增减	库存现金增加，借记“库存现金”科目，贷记“银行存款”或“其他应收款”等科目；库存现金减少，借记“银行存款”或“其他应付款”科目，贷记“库存现金”科目

续上表

内容	账务处理要点
设置现金日记账	各企业应设置现金日记账，并按时根据现金收付款凭证和部分银行存款付款凭证，逐日逐笔顺序登记。每日终了应计算当日的现金收入合计数、现金支出合计数和余额，并将余额与库存现金实有数进行核对，保证账实相符
期末余额	“库存现金”科目期末一般表现为借方余额，反映企业持有的库存现金账面数

①库存现金增加的核算

库存现金的增加主要表现为收入现金，如营业收入收到现金、借支款项收回余额以及开出支票从银行提现等。收到现金时，借记“库存现金”科目，并按现金的来源，贷记有关科目，同时，由出纳填制现金收款凭证，加盖“收讫”戳记，经相关人员审核无误后才能登记现金日记账。

实账处理 **甲公司5月6日收到现金的业务处理**

1.企业开出现金支票1张，从银行提取现金3 500元，以补充企业内部的库存现金。

借：库存现金　　3 500

　　贷：银行存款　　3 500

2.出纳人员收到出差员工退还的差旅费100元。

借：库存现金　　100

　　贷：其他应收款——××　　100

②库存现金减少的核算

库存现金的减少主要表现为支出现金，任何符合现金开支范围的现金支出都需要进行库存现金减少的核算。支出现金时，按现金的用途，借记相关科目，贷记“库存现金”科目。在这一核算过程中，应由专人负责审核现金支出的内容，看其是否符合现金开支范围和有关财经政策、财务制度的规定，看是否有经手人签章，相关原始凭证有无涂改、伪造或虚报冒领等情况。只有审核无误的原始凭证才能作为填制现金付款凭证的依据，最后再由出纳人员办理现金支付手续，同时在付款凭证上加盖“付讫”戳记，这样才能登记账簿。

实账处理 **甲公司5月9日支出现金的业务处理**

1.企业管理部门报销办公用品费500元，以现金付讫。

借：管理费用　　500

　　贷：库存现金　　500

2.某企业以现金形式发放上月职工工资120 938元。

借：应付职工薪酬　　120 938

　　贷：库存现金　　120 938

在会计实务中，也有很大一部分公司不通过“库存现金”科目核算实际发放的工资数额，而是直接通过“银行存款”科目核算。即公司不用先提取现金后再发放工资，而是直接通知银行向员工的个人账户转账，公司会计此时编制的会计分录为借记“应付职工薪酬”科目，贷记“银行存款”科目。

③库存现金清查的核算

为了确保现金的安全完整，保证账实相符，企业应定期或不定期地清查现金，包括出纳人员每日清点核对和专门组织清查小组清查。库存现金的清查主要采用实地盘点法，即清查库存现金的实有数，看其是否与现金日记账的账面余额相等。

清查过程中，若发现现金溢余或短缺，应先通过“待处理财产损溢——待处理流动资产损溢”科目核算，待查明原因后再将其从该科目转入相关科目。若现金短缺，且属于会计人员工作失职的责任事故，或应由保险公司赔偿的，借记“其他应收款”科目；若属于无法查明原因的现金短缺，经批准后借记“管理费用”科目；若现金溢余，且属于应支付给相关单位或个人的，贷记“其他应付款”科目；属于无法查明原因的，经批准后贷记“营业外收入”科目。

实账处理 **现金盘盈、盘亏等清查结果的处理**

1.甲公司5月6日在现金清查的过程中发现现金溢余400元。

借：库存现金　　400

　　贷：待处理财产损溢——待处理流动资产损溢　　400

经查明，这400元中有300元是出纳少付给张倩的借支款，另外100元无法查明原因。

借：待处理财产损溢——待处理流动资产损溢　　400

　　贷：其他应付款——张倩　　300

　　　　营业外收入　　100

2.乙公司5月7日在现金的清查过程中发现现金短缺1 200元。

借：待处理财产损溢——待处理流动资产损溢　　1 200

　　贷：库存现金　　1 200

经查明，这短缺的1 200元中有100元应由出纳赔偿，1 000元应由保险公司赔偿，还有100元无法查明短缺原因。

借：其他应收款——××　　100

　　　　　　——××保险公司　　1 000

管理费用　100

贷：待处理财产损溢——待处理流动资产损溢　1 200

4.1.2 银行存款的核算

对企业来说，银行存款是储存在银行的货币资金。银行存款的收支业务由出纳人员负责办理，且必须根据审核无误的原始凭证填制银行存款收、付款凭证。超过库存现金限额的资金和营业收到的现金等必须及时送存银行，增加银行存款数额。

根据我国现金管理制度的规定，每个单位都应选择合适的银行开立合适的存款账户，用于办理存款、取款和转账等结算。不同的结算账户，其用途不同，但都属于现金结算和转账结算这两大结算方式中的转账结算。

（1）结算账户的分类

银行结算账户按用途不同可分为4类，如表4-2所示。

表4-2

账户类型	简述
基本存款账户	存款人办理日常转账结算和现金收付时需开立的银行结算账户。一个单位只能在一家银行开立一个基本存款账户，且工资、奖金等的发放只能通过该存款账户办理
一般存款账户	存款人因借款或其他结算需要，在基本存款账户开户银行以外的银行营业机构开立的银行结算账户。该账户可办理转账结算和现金缴存，但不得办理现金支取
专用存款账户	存款人按照法律、行政法规和规章的规定，用于专项管理具有特定用途的资金而开立的银行结算账户。该账户用于办理专项资金的收付，但经批准同意后也可用于支取现金
临时存款账户	存款人因设立临时机构、开展异地临时经营活动或办理注册验资等需要，而应在规定期限内使用的银行结算账户。该账户可按国家现金管理的规定支取现金

正确开立和使用银行结算账户是做好资金结算工作的基础，企业只有按规定在银行开立了存款账户，才能使用银行结算账户与其他单位进行款项结算，办理资金的收付。企业应按规定在银行开设和使用存款账户。

（2）结算方式

结算方式是指与外单位或个人进行货币收付的方法和程序，大体分为现金结算和转账结算这两种，如图4-2所示。

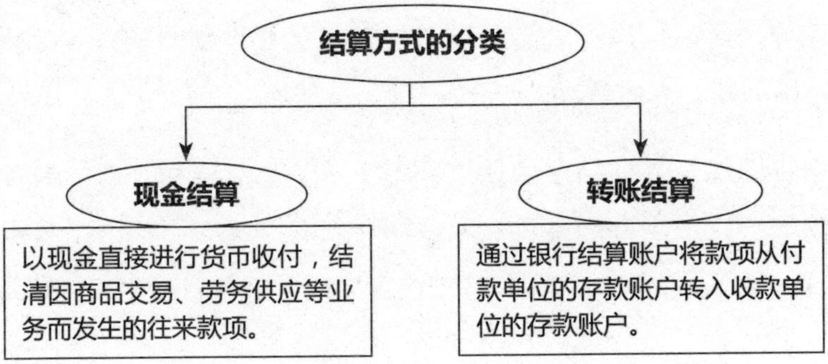

图4-2 结算方式的两大分类

转账结算又分为7种更细致的结算方式，如图4-3所示。

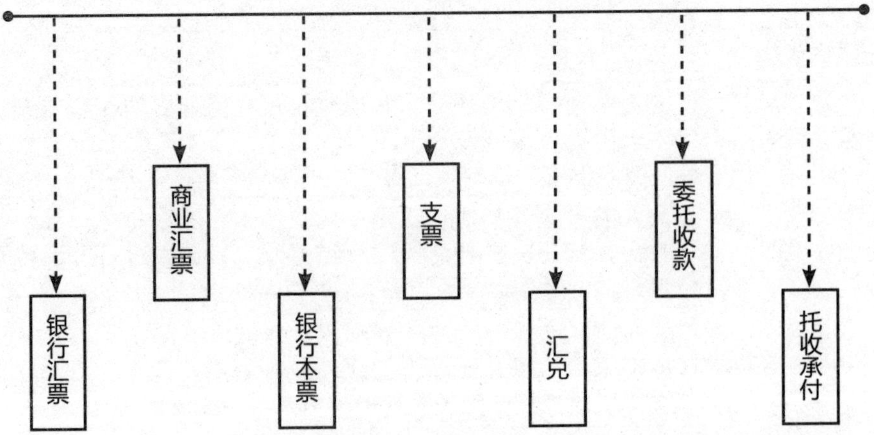

图4-3 7种结算方式

◆ 银行汇票

银行汇票是指由出票银行签发的，在见票时按照实际结算金额无条件支付给收款人或持票人的票据。这里的出票银行一般是经中国人民银行批准可以办理银行汇票业务的银行。

银行汇票使用灵活、票随人到且兑现性强，多用于办理异地转账结算和支取现金，主要适用于先收款后发货或钱货两清的商品交易。银行汇票的样式如图4-4所示。

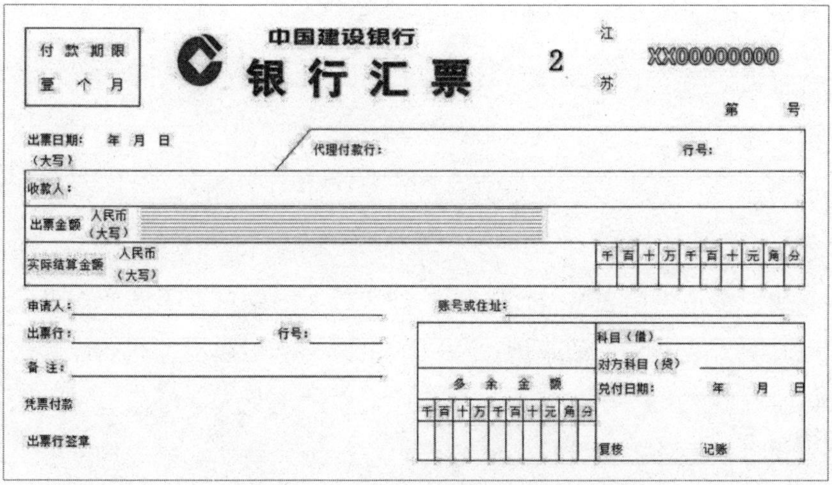

付款期限 壹个月

中国建设银行 银行汇票 2

江苏 XX00000000

第 号

出票日期：年 月 日（大写） 代理付款行： 行号：

收款人：

出票金额 人民币（大写）

实际结算金额 人民币（大写） 千 百 十 万 千 百 十 元 角 分

申请人： 账号或住址：

出票行： 行号：

备注：

凭票付款

出票行签章

多余金额 千 百 十 万 千 百 十 元 角 分

科目（借）

对方科目（贷）

兑付日期： 年 月 日

复核 记账

图4-4 银行汇票

从上图中可以看出银行汇票包括如图4-5所示的七大必备事项。

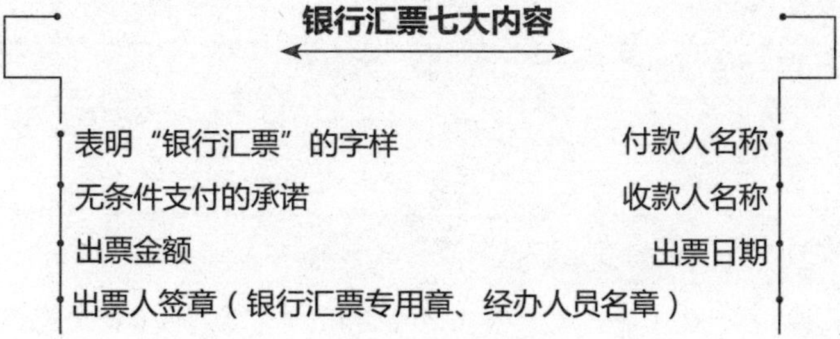

图4-5 银行汇票的必备内容

在办理经济业务的过程中，银行汇票结算的具体程序又是如何的呢？如图4-6所示。

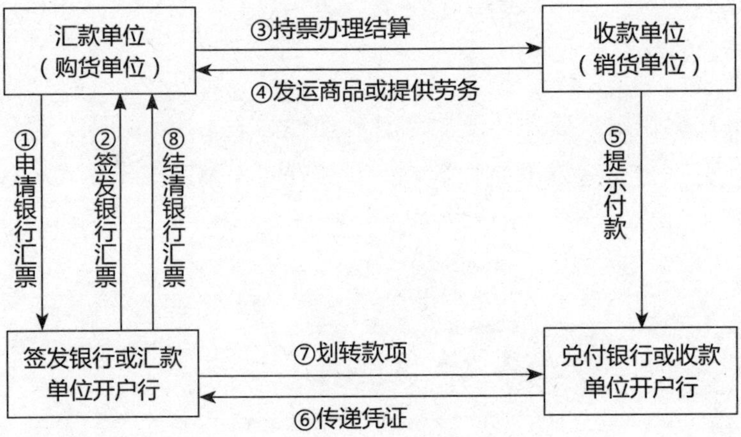

图4-6 银行汇票结算的具体程序

◆ 商业汇票

商业汇票是出票人签发的，委托付款人在指定日期无条件支付确定的金额给收款人或持票人的票据。这里的出票人是指在银行开立存款账户的法人以及其他组织，而付款人就是商业汇票的承兑人，可以是法人或其他组织，也可以是法人或其他组织的开户行。纸质商业汇票的付款期限最长不得超过6个月，电子商业汇票的付款期限可延长至一年。

商业汇票有如表4-3所示的3个当事人，即出票人、收款人和付款人。

表4-3

当事人	解释
出票人	指签发商业汇票的人，一般是在银行开立了存款账户的法人或其他组织，可以是经济交易的付款人，也可以是收款人
收款人	指实际收取商业汇票上所注明金额的人
付款人	指实际支付商业汇票上所注明金额的人，也是商业汇票的承兑人

根据承兑人不同，可将商业汇票分为商业承兑汇票和银行承兑汇票。

①商业承兑汇票

商业承兑汇票是指由付款人或收款人开出，经付款人承兑的汇票。这种汇票的承兑人是银行以外的单位或组织，个人不得使用商业汇票。

使用汇票的单位必须要以合法的商品交易为基础，且汇票一经承兑，承兑人便负有到期无条件支付票款的责任，成为付款人。商业承兑汇票的具体结算程序如图4-7所示。

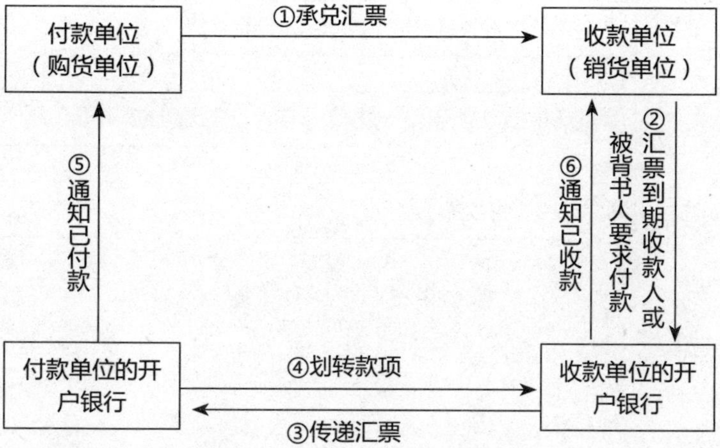

图4-7 商业承兑汇票的结算程序

②银行承兑汇票

银行承兑汇票指由在承兑银行开立存款账户的存款人签发，向开户银行申请并经银行审查同意承兑的，保证在指定日期无条件支付确定金额给收款人或持票人的票据，它由出票人的开户银行承兑。

对出票人签发的商业汇票进行承兑是银行基于对出票人资信的认可而给予的信用支持，因此，银行承兑汇票有信用好、承兑性强和灵活性高等特点，可有效节约资金成本。除了用于款项结算外，银行承兑汇票还可用于商业交易的融资，称为承兑融资。

银行承兑汇票的出票人应具备如图4-8所示的条件。

1. 需是在承兑银行开立存款账户的法人或其他组织。
2. 需与承兑银行具有真实的委托付款关系。
3. 需能提供具有法律效力的购销合同及增值税发票。
4. 需有足够的支付能力、良好的结算记录和结算信誉。
5. 需与银行信贷关系良好，无贷款逾期记录。
6. 需能提供相应的担保，或按要求存入一定比例的保证金。
7. 需有良好的信用保证。

图4-8 出票人应具备的条件

③商业承兑汇票和银行承兑汇票的区别

商业承兑汇票和银行承兑汇票的区别有如表4-4所示。

表4-4

项目	商业承兑汇票	银行承兑汇票
承兑对象	由银行以外的付款人承兑	由出票人的开户银行承兑
签发人	按交易双方约定，由销货企业（收款人）或购货企业（付款人）签发，由购货企业（付款人）承兑	由在银行开立存款账户的存款人（销货企业或购货企业）签发，承兑银行按票面金额向出票人收取0.5‰的手续费
银行可否拒绝支付	签发人的银行存款不足时，银行可拒绝支付	签发人的银行存款不足时，银行见票无条件支付，不可拒绝支付
安全系数高低	银行承兑汇票较商业承兑汇票安全系数高，保障性更强	

④商业汇票的贴现规定

商业汇票不仅可在市场中流通转让，也可向银行申请贴现，相关贴现规定如图4-9所示。

向银行申请办理票据贴现的商业汇票持票人必须具备的条件

《票据管理实施办法》规定：在银行开立有存款账户；与出票人或前手之间具有真实的交易关系和债权债务关系。
《支付结算办法》规定：属于在银行开立有存款账户的企业法人或其他组织；与出票人或前手之间具有真实的商品交易关系；能够提供与其直接前手之间签发的增值税发票和商品发送单据的复印件。

纸质汇票和电子汇票等的贴现

持票人办理纸质票据贴现时，贴现申请人（持票人）需提供相关合同和发票等资料；申请办理电子汇票贴现的，无需提供相关合同和发票。

图4-9 商业汇票的部分贴现规定

◆ 银行本票

银行本票是申请人将款项交存银行，由银行签发的承诺其在见票时无条件支付确定的金额给收款人或持票人的票据。它没有承兑人，其签发人是银行，付款人也是银行，因此其付款保证程度较高。

银行本票的提示付款期限自出票之日起最长不得超过两个月，特点是见票即付、不予挂失、当场抵用。

银行本票按其金额是否固定可分为不定额和定额两种，如表4-5所示。

表4-5

种类	简介
不定额银行本票	指票据上的金额栏为空白，签发时根据实际需要填写具体金额（起点金额为100元），并用压数机压印金额的银行本票
定额银行本票	指票据上预先印有固定金额的银行本票。其面额通常只有1 000元、5 000元、10 000元和50 000元

通过对前述内容的学习，可知银行本票和银行汇票之间的区别有哪些呢？如表4-6所示。

表4-6

区别	银行汇票	银行本票
证券性质和当事人个数不同	为委付证券，是出票人要求他人付款的委托或指示，银行汇票有3个当事人，即出票人、付款人与收款人	为自付证券，是出票人自己（银行）付款的承诺，银行本票只有两个当事人，即出票人（同时也是付款人）与收款人
主债务人不同	经承兑后，主债务人为承兑人，出票人退居于从债务人的地位	出票人始终居于主债务人的地位，自负到期偿付的义务，不必办理承兑手续
有无承兑	除见票即付的银行汇票外，均可以或应当请求承兑，见票后定期付款的汇票必须请求承兑，以确定汇票的到期日	无需承兑，且见票后定期付款的本票也无需承兑
有无资金关系	在票据的基础关系中，出票人与付款人之间一般都必须有资金关系	出票人与付款人是同一人，都不需要有资金关系
出票人和背书人责任不同	出票人应负担保承兑和担保付款的责任，背书人也应负担保承兑和担保付款的责任	出票人应负绝对的付款责任，背书人仅负付款的担保责任
付款人的责任不同	付款人不承兑时，可以不负任何票据责任，只有经承兑而成为承兑人后，才负付款责任	出票人即为付款人，自出票后就应负绝对的付款责任
付款方式不同	可以见票即付，或定日付款，或出票后定期付款，也可以见票后不定期付款	只能见票即付
付款期限不同	提示付款期限自出票日起1个月	提示付款期限自出票日起不得超过两个月
金额固定与否	金额不固定	金额可以是固定的，也可以是不固定的

◆ 支票

支票是出票人签发的，委托可以办理支票业务的银行或其他金融机构在见票时无条件支付确定的金额给收款人或持票人的票据。它是委付证券，其付款人必须是有办理支票业务资格的银行或非银行金融机构。在我国，只有即期支票，因此支票没有承兑制度。

不论是支票，还是前述提及的银行汇票、商业汇票和银行本票，其需要记载的事项都分为绝对记载事项、相对记载事项和非法定记载事项，具体介绍如表4-7所示。

表4-7

记载事项类型	具体记载内容
绝对记载事项	《票据法》规定必须记载的事项，若欠缺某一项，则对应的票据无效。但对于支票的金额和收款人名称这两个记载事项，可由出票人授权补记，未补记前不得使用
相对记载事项	《票据法》规定应当记载而没有记载，如未记载，可通过法律规定进行推定而不会导致票据无效的事项。包括付款地（若支票上未记载付款地，则付款地为付款人的营业场所）和出票地（支票上未记载出票地，则出票地为出票人的营业场所、住所或经常居住地）
非法定记载事项	指不发生支票上的效力的事项，主要包括支票的用途、合同编号、约定的违约金以及管辖法院等

如图4-10所示的是支票的6个绝对记载事项。

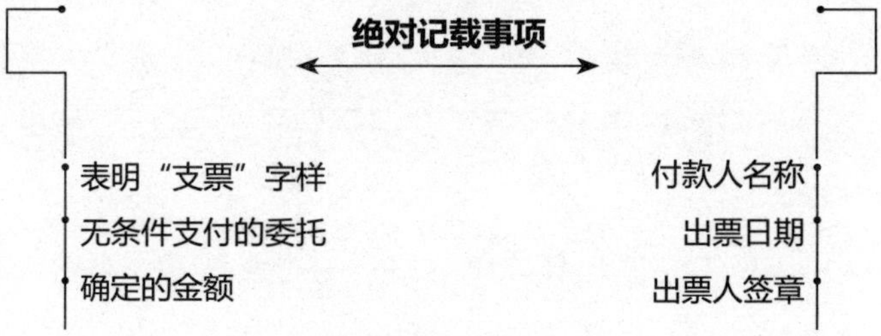

图4-10 绝对记载事项

支票使用起来比较方便，手续简便、灵活，提示付款期限是自出票日起10日内。需要注意的是，用于支取现金的支票不能背书转让，但其他支票可以背书转让。

◆ 汇兑

汇兑是汇款人委托银行将其款项支付给收款人的结算方式，这种方式便于汇款人向异地的收款人主动付款，其适用范围非常广。单位和个人的各种款项的结算，均可使用汇兑结算方式。

通俗地说，汇兑就是付款人委托开户行作为付款人向收款人付款。根据划转款项的方法不同以及传递方式的不同，汇兑又分为信汇和电汇两种，如图4-11所示。

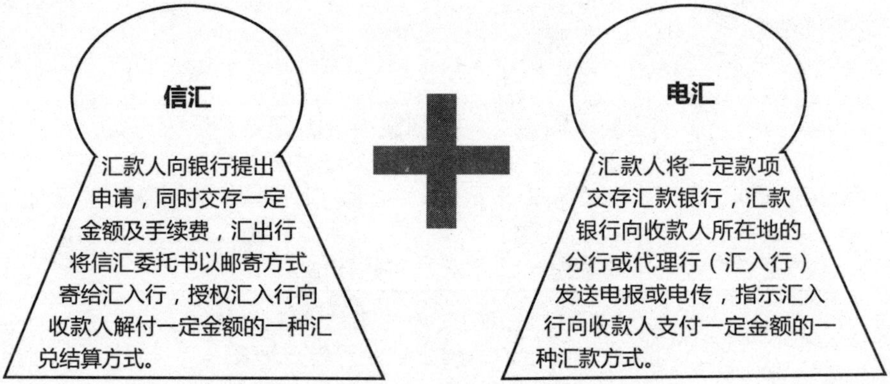

图4-11 汇兑的两种方式

对比这两种汇兑结算方式，信汇无需加载密码，直接签字即可，因此费用较低，但速度相对较慢；电汇速度较快，但汇出需要在电报上加注收付款双方约定的密码，解密后才可正常结算，因此涉及的电报、电传费用较高，通常只在紧急情况下或款项金额较大时使用。实际工作中，具体采用哪种汇兑方式，由汇款人自行选择。

◆ 委托收款

委托收款是指收款人委托银行向付款人收取款项的结算方式，如图4-12

所示是某一委托收款凭证的第一联。

业务类型：		委托收款　托收承付					
付款人	全称：	（填写：银行承兑汇付款行全称）		收款人	全称：	填写（公司名称）	
	账号：				账号：	填写（公司账号）	
	地址：	省 市	开户行		地址：	省 市	开户行（某某银行某某支行）
金额	人民币（大写）：						
款项内容		托收凭据名称		填写（银录：某某某某数字）		附寄单证张数	
商品发运情况		合同名称号码					
备注：（填写：日期）		款项收妥日期：（第一联：空白）（第二联要盖章：财务专用章和姓名章）		收款人开户银行签章：			

图4-12 委托收款结算凭证

委托收款分邮寄（委邮）和电报划回（委电）两种，前者是指收款人开户银行以邮寄方式向付款人开户银行转送委托收款凭证、提供收款依据；后者是指收款人开户银行以电报方式向付款人开户银行转送委托收款凭证、提供收款依据。实际操作中，由收款人自行选用其中一种方式。委邮和委电均为一式五联，如图4-13所示。

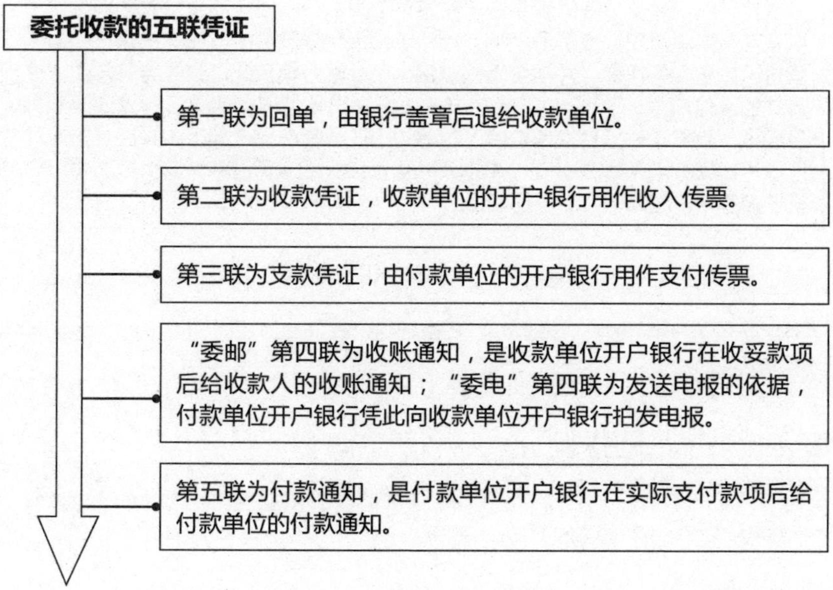

图4-13 委托收款的五联凭证

◆ 托收承付

托收承付是指收款人根据购销合同发货后委托银行向异地购货单位收取货款，同时付款人根据合同对单或对证验货后向银行承诺付款的一种结算方式。由于该方式只用于异地结算，因此也称为异地托收承付。

托收承付结算方式也分邮寄和电报两种，分别对应邮划托收政府结算凭证和电划托收承付结算凭证。实际业务中，可由收款人自行选择任意一种托收承付方式进行结算。

理解托收承付结算方式时可分别从托收和承付两方面入手，如图4-14所示。

托收

托收是指销货单位（即收款单位）委托其开户银行收取款项的行为。收款单位办理托收手续时，必须具有符合《合同法》规定的经济合同，还应满足事先在合同上注明使用托收承付结算方式和遵守发货结算的原则。“发货结算”指收款单位按照合同发货并取得货物发运证明后，才可到银行办理托收手续。托收金额的起点为10 000元，但新华书店系统的起点为1 000元。

承付

承付是指购货单位（即付款单位）在承付期限内，向银行承诺付款的行为，主要包括验单承付和验货承付两种。验单承付指付款单位接到其开户银行转来的承付通知和相关凭证，并与合同核对相符后，就必须承认付款的结算方式，该方式的承付期为3天，从付款单位开户银行发出承付通知的次日起算，遇节假日顺延；验货承付指付款单位除了验单外，还要等商品全部运达并验收入库后才承付货款的结算方式，该方式的承付期为10天，从承运单位向付款人发出提货通知的次日起算，遇节假日顺延。

图4-14 “托收”和“承付”

在托收承付过程中，若付款单位在验单或验货时发现货物的品种、规格、型号、数量、价格甚至质量等方面与合同约定不符，可在承付期内提出拒付全部或部分金额的意见，同时填写《拒绝承付理由书》，然后将其送交自己的开户银行审查，通过后办理拒付手续。此时，付款单位手里的商品所有权依然属于收款单位（销货方），为了避免产生纠纷，就需要为销货方妥善保管。

若承付期内未向其开户银行提出异议，银行将默认做承付处理，在承付期满的次日就将款项主动从付款单位的银行账户划转到收款单位的银行账户中。承付期满后，若付款单位的银行账户内没有足够的资金承付货款，不足部分就要做延期付款处理，延期付款部分要按一定比例计算赔偿金并支付给收款单位，待付款单位账户内有款支付时，由付款单位开户银行将欠款及赔偿金一并划转给收款单位的银行账户。

4.2 有关往来业务的资产核算

往来业务就是单位往来账款的核算业务，一般包括“应收账款”“预付账款”和“其他应收款”等的核算，这些都属于单位的流动资产。本节重点讲解“应收账款”和“预付账款”这两类资产。

4.2.1 应收账款的核算

应收账款是指企业在正常的经营过程中因发生销售商品、提供劳务等业务而应向购买单位收取的款项，包括应由购买单位或接受劳务单位负担的税费和为购买方垫付的各种运杂费等。

（1）应收账款的账户

应收账款属于企业的资产，只是暂时被购买单位占用。为了保证企业资金能灵活周转，应及时收回应收账款，弥补企业在生产经营过程中的各种耗费。在对各项涉及应收账款的经济业务进行会计核算前，先要掌握“应收账款”科目的核算内容，如表4-8所示。

表4-8

项目	核算内容
借方	①应向购货单位收取的商品、材料或劳务等的价款；②为购买方代垫的包装费、运杂费；③已冲减坏账准备而又收回的应收账款；④所持承兑汇票无法收回的票款等
贷方	①实际收到购货单位支付的商品、材料或劳务等的价款；②收回代垫的包装费、运杂费；③应收账款改用商业汇票结算的款项；④已转销而又确认的坏账损失
余额	借方余额表示企业尚未收回的应收账款，贷方余额表示向有关企业预收的款项

实账处理 坏账确认又收回的处理

4月28日甲公司确认因乙公司逾期未履行偿债义务已超过3年，经多次催讨，确认不能收回的应收账款4 710元为坏账，然后用备抵法确认该坏账。通常企业只要有应收账款，就需要计提坏账准备，而在计提时，对于未执行新金融准则和新收入准则的企业，计提的坏账准备计入“资产减值损失”科目；对于已执行新金融准则和新收入准则的企业，计提的坏账准备计入“信用减值损失”科目。

1.确认坏账。

借：坏账准备　　4 710

　　贷：应收账款——乙公司　　4 710

2.若甲公司收回乙公司的欠款4 710元。已冲销的应收账款又收回。

借：应收账款——乙公司　　4 710

　　贷：坏账准备　　4 710

同时，确认银行存款的增加。

借：银行存款　　4 710

　　贷：应收账款——乙公司　　4 710

提示 *什么是坏账损失*

坏账损失是指企业无法收回的应收款项，对企业来说，付出了商品或劳务，最终却没有得到相应的回报（即销售价款），因此属于损失。我国相关财务会计制度规定这部分损失不得列入费用成本，而是在发生损失并经上级主管部门和企业领导批准转销时，借记“坏账准备”科目，贷记“应收账款”科目。

（2）应收账款的账务处理

当企业的销售商品、提供劳务等业务中涉及款项未收到时，会形成应收账款，而且交易过程中，有时会遇到折扣处理。折扣、折让是否存在，对应收账款的账务处理有一定影响。

◆ 无现金折扣、销售折让情况下的账务处理

此时企业实际收到的应收账款就是包含增值税销项税额的总价款。各环节的账务处理如表4-9所示。

表4-9

环节	账务处理
销售商品、提供劳务确认应收账款	借：应收账款 　　贷：主营业务收入 　　　　应交税费——应交增值税（销项税额）
实际收到货款时冲减应收账款	借：银行存款 　　贷：应收账款

实账处理 甲公司销售A产品的账务处理

2019年6月6日甲公司销售A产品120件给乙公司，每件售价340元，增值税额5 304元，货款未付。7月4日收到货款46 104元。

1.6月6日销售A产品产生收入120×340=40 800（元）。

借：应收账款　　　　　　　　　　　　4 6104

　　贷：主营业务收入——A产品　　　　　　　　40 800

　　　　应交税费——应交增值税（销项税额）　　5 304

2.7月4日收到货款46 104元。

借：银行存款　　　　　　　　　　　　46 104

　　贷：应收账款　　　　　　　　　　　　　　46 104

◆ 有现金折扣或销售折让情况下的账务处理

若企业涉及应收账款的业务发生了现金折扣或销售折让，账务处理时又分两种方法，即总价法和净价法。但无论哪种方法，折扣金额均通过“财务费用”科目核算。

总账法下，销售商品或提供劳务时，按商品或劳务的总价入账，以后发生现金折扣或销售折让时，计入财务费用或冲减产品的销售收入。下面以发生现金折扣为例，各环节账务处理如表4-10所示。

表4-10

环节	账务处理
销售商品、提供劳务确认应收账款	借：应收账款　　（货款及税款总价） 　　贷：主营业务收入　　（货款总价） 　　　　应交税费——应交增值税（销项税额）
实际收到货款	1.折扣期内收到货款

续上表

环节	账务处理
实际收到货款	借：银行存款　　　　　　（货款净价） 　　财务费用　　　　　　（折扣额） 　　贷：应收账款　　　　（货款及税款总价） 2.超过折扣期收到货款 借：银行存款　　　　　　（货款及税款总价） 　　贷：应收账款

实账处理 甲公司不同期限收回货款的总价法处理

甲企业销售给乙公司商品一批，价值4万元，增值税税率为13%，货款尚未收到。双方规定现金折扣条件为1/10、n/20。用总价法进行会计处理。

1.商品售出时确认收入40 000元，增值税税款=40 000×13%=5 200（元）。

借：应收账款——乙公司　　　　45 200

　　贷：主营业务收入　　　　　　40 000

　　　　应交税费——应交增值税（销项税额）　5 200

2.如果在10天内收到销货款项，将会给予1%的现金折扣，即40 000×1%=400（元），会计分录如下。

借：银行存款　　　　44 800

　　财务费用　　　　400

　　贷：应收账款——乙公司　　　　45 200

如果超过10天付款，将不享受现金折扣，会计分录如下。

借：银行存款　　　　45 200

　　贷：应收账款——乙公司　　　　45 200

净价法下，销售商品或提供劳务时，按商品或劳务的总价扣除全部折扣后的净价入账，购货方若延期付款，则通过“财务费用”科目冲回已扣除的折扣。下面同样以发生现金折扣为例，各环节账务处理如表4-11所示。

表4-11

环节	账务处理
销售商品、提供劳务确认应收账款	借：应收账款（扣除折扣的货款及税款总价） 贷：主营业务收入（扣除折扣的货款） 应交税费——应交增值税（销项税额）
实际收到货款	1.折扣期内收到货款 借：银行存款 贷：应收账款（扣除折扣的货款和税款总价） 2.超过最高折扣期限收到货款 借：银行存款（货款及税款总价） 贷：应收账款（扣除折扣的货款和税款总价） 财务费用（冲回已扣除的折扣）

实账处理

甲公司不同期限收回货款的净价法处理

甲企业销售给乙公司商品一批，价值4万元，增值税税率为13%，货款尚未收到。双方规定现金折扣条件为1/10、n/20。按净价法进行会计处理。

1.商品售出时确认收入40 000元，增值税税款=40 000×13%=5 200（元）。假设享有现金折扣，即40 000×1%=400（元），会计分录如下。

借：应收账款——乙公司　　44 800

　贷：主营业务收入　　39 600

　　应交税费——应交增值税（销项税额）　　5 200

2.如果在10天内收到销货款项，会计分录如下。

借：银行存款　　44 800

　贷：应收账款——乙公司　　44 800

如果超过10天付款，将不享受现金折扣，已扣除的现金折扣金额要通过“财务费用”科目冲回，会计分录如下。

借：银行存款　　45 200

　贷：应收账款——乙公司　　44 800

　　财务费用　　400

（3）应收账款的范围

应收账款是伴随企业的销售行为而形成的一项债权，因此，应收账款的确认与收入的确认密切相关，通常在确认收入的同时确认应收账款。应收账款是有特定范围的，如图4-15所示。

- 应收账款因销售活动或提供劳务而形成，所以不包括应收职工欠款（即其他应收款）、应收债务人的利息（即应收利息）等其他的应收款项。
- 应收账款是指具有流动资产性质的债权，所以不包括长期的债权，如购买的长期债券等。
- 应收账款是指本公司应向客户收取的款项，不包括本公司付出的各类存出保证金，如投标保证金和租入包装物租金等。

图4-15 应收账款的范围

（4）坏账损失的确定

公司应遵循财务报告的目标和会计核算的基本原则，在具体分析各项应收账款的特性、金额大小、信用期限、债务人信誉及其当前经营情况等后，才确定公司是否发生坏账损失。

公司的应收账款符合下列条件之一的，应确认坏账损失，如表4-12所示。

表4-12

坏账损失	确认情形
无法收回的	1.债务人死亡，以其遗产清偿后仍无法收回的部分； 2.债务人破产，以其破产财产清偿后仍无法收回的部分
收回可能性较小的	债务人较长时间未履行其偿债义务，并有足够的证据表明款项无法收回或收回的可能性极小

一般来说，企业要在年末对应收账款进行一次全面清查，根据应收账款的实际情况做账龄分析，对有可能成为呆账或坏账的应收账款计提坏账准备。当然，有需要的话，月末或季度末也可进行应收账款的清查，加强管理，防止应收账款账目错乱而使企业蒙受不必要的经济损失。企业在确定坏账准备的计提比例时，要结合历史数据、债务单位的实际情况和本企业的现金流量等因素进行合理估计。

4.2.2 预付账款的核算

预付账款指企业按照购货合同的规定，预先支付给销货单位的款项。会计日常核算中，预付的材料价款、商品价款以及农副产品预购定金等预付账款要按实际支付的金额入账。施工单位的预付账款主要包括预付工程款和预付备料款等，也需要按实际支付的金额入账。

对购货企业来说，预付账款是一项流动资产，后期会收到相应的商品、劳务或服务。也就是说，企业的预付账款，后期都会要求销货单位以其经营的商品、劳务或服务来抵偿。

（1）预付账款的账户

“预付账款”科目用于核算企业按照购货合同规定预付给销货单位的款项，该科目下应按销货单位设置明细科目进行明细核算。如图4-16所示的是“预付账款”账户的T型结构。

借方	预付账款 贷方
①企业因购货而预付的款项 ②补付的款项	③企业因购货而应付金额 ④退回多付的款项 ⑤转销预计不能收到所购货物的预付账款
借方余额：反映企业实际预付的款项	贷方余额：反映企业尚未补付的款项

图4-16 预付账款账户的T型结构

（2）预付账款的账务处理

一般来说，企业预付账款的核算有4个部分，如表4-13所示。

表4-13

业务	账务处理
购买材料或商品时预付货款	借：预付账款　　（实际预付的金额） 　贷：银行存款
收到材料或商品时根据发票账单做账	借：材料采购/原材料等 　贷：预付账款　　、（材料总价款）
预付货款低于实际货款时补付货款	借：预付账款　　（补付的金额） 　贷：银行存款
预付货款高于实际货款时退回多付款	借：银行存款 　贷：预付账款　　（多预付的金额）

若企业的日常经营过程中涉及预付账款的业务很少，可不单独设置“预付账款”科目，而将预付的款项直接计入“应付账款”的借方，即借记“应付账款”科目，贷记“银行存款”科目；收到材料或商品时，予以转销，借记“原材料”或“库存商品”等科目，贷记“应付账款”科目。

另外，期末编制资产负债表时，若“应付账款”科目有借方余额，则应将该余额列示在资产负债表的“预付账款”科目中。

实账处理 甲公司购买材料的预付款账务处理

甲公司向乙公司订购原材料，双方签订了购货合同，且合同规定甲公司要以银行转账的方式先预付6 500元的货款，待收到材料后再支付剩余货款。已知这批原材料的总价款为11 000元。

1.用银行存款支付预付款。

借：预付账款——乙公司　　6 500

　　贷：银行存款　　6 500

2.收到乙公司发来的材料并验收入库，增值税专用发票上注明价款11 000元，增值税1 430元，另外还有一张运费发票，注明金额200元，增值税18元。

借：原材料　　11 200

　　应交税费——应交增值税（进项税额）　　1 448

　　贷：预付账款——乙公司　　12 648

3.向乙公司补付剩余货款6 148元（12 648−6 500）。

借：预付账款——乙公司　　6 148

　　贷：银行存款　　6 148

这里的第2、3步属于全额冲减材料价款的处理方式，在填制报表时需要体现重分类调整。

若预付多少就冲减多少，则补付的款项应计入“应付账款”科目，即第2步中贷记“预付账款——乙公司 6 500”和“应付账款——乙公司 6 148”，同时，第3步中借记“应付账款——乙公司 6 148”。该处理方式下填制报表就不涉及重分类调整的问题。

若事先不知道材料总价款是多少，甲公司预付了13 000元，则第1步中金额改为13 000，第3步借记“银行存款 352”，贷记“预付账款——乙公司 352”。

（3）预付账款的业务流程

预付账款的业务流程分两步，如图4-17所示。

第一步：采购提出预付款申请

采购员在采购过程中遇到需要预付货款的情况时，首先要向公司提出预付款申请，填写《预付款申请表》，由相关领导审批，签字确认后，将该申请表递交到财务部，再由财会人员审核无误后，同意预付货款，并填制相应的记账凭证，接着由出纳人员负责支付款项。

第二步：根据付款单据做账

出纳人员向销货单位预付货款后，收到银行的付款通知。而采购人员会收到销货单位开具的增值税发票，待采购货物验收无误并入库后，由采购人员和出纳人员分别将货物验收单、增值税发票和付款通知等交给财务部门，财会人员根据这些单据填制相应的记账凭证。

图4-17 预付账款的业务流程

在交易过程中要注意发票的问题。目前大部分企业的操作习惯是：供应商在收到预付款时一般不开具发票，而要等到货款结清时一次性开具发票。当然具体如何操作还是由企业和供应商协商。若有多张发票的情况，则要在发票管理簿记或付款单中输入多张发票号码，方便后续查账。

4.3 以备销售或生产中的料：存货的核算

为了保障企业生产经营活动连续不断，就需要及时购入材料、按规定领用以及发出待售商品。这些材料和商品均属于企业的存货，是一项重要的流动资产，比重较大，是保证生产经营顺利进行的必要条件。

4.3.1 存货的基础认识

存货是指企业在日常活动中持有的，以备出售的产成品或商品、处在生产过程中的在产品、生产过程或提供劳务过程中耗用的材料或物料等。具体来讲，主要包括各类原材料、在产品、半成品、产成品或库存商品以及包装物、低值易耗品和委托加工物资等。

根据存货所处的经营环节，可将其分为如图4-18所示的3种有形资产。

存储以备出售的存货

这类存货指企业在经过生产加工或采购后，处于代销状态的各种产成品或库存商品，如生产性企业完工的产成品、商品流通企业购入待售的库存商品。

为了最终出售正处于生产过程中的存货

这类存货指生产完工后用于出售，但目前还处于生产加工过程中的各种物品，如生产性企业的在产品、自制半成品和委托加工物资等。

等待进行加工的存货

这类存货指用于生产产品或提供劳务的各种物品，如各种原材料、燃料、包装物和低值易耗品等。

图4-18 存货的3种类型

上面的这种分类方式比较笼统，便于理解，但在实际应用中，还需要把这3种类型继续细化，也就是具体按经济内容分类，如表4-14所示。

表4-14

项目	经济内容
原材料	在生产过程中会被加工改变形态或性质的各种原料及主要材料、辅助材料、燃料、包装材料和外购半成品等，它是实体产成品的主要构成部分
在产品	指处于生产过程中尚未加工完成，还需进一步加工的产品
半成品	指已经完成一定生产程序，且产品已经验收合格入库，但还需进一步加工的中间产品

续上表

项目	经济内容
产成品	已完成全部生产程序并验收合格入库，且可按合同规定出售或送交购货单位的产品
商品	商品流通企业外购或委托加工完成并验收入库用于销售的各种商品
周转材料	能多次使用并逐渐转移其价值，同时保持其原有形态而又不确认为固定资产的各种材料，如包装物、低值易耗品等
委托代销商品	委托其他单位代销的商品

除此之外，存货还可按照存放地点进行分类，如表4-15所示。

表4-15

项目	存放地点
库存存货	指已验收合格并入库的各种存货
在途存货	指正在途中运输的存货以及已经运达购货企业但尚未验收入库的存货
加工中存货	指企业正在加工或正在委托其他单位加工的存货

4.3.2 存货的确认和计量

企业要确认某物件属于存货，首先需要满足两个基本条件：一是与该存货有关的经济利益很可能流入企业；二是该存货的成本能可靠地计量。

（1）存货的初始计量

存货应按照成本进行初始计量，存货成本包括采购成本、加工成本和其他成本。

原材料、商品和低值易耗品等通过购买而取得的存货，其成本主要由采购成本构成；在产品、半成品、委托加工物资和产成品等经过加工而形成的存货，其成本主要由采购成本、加工成本以及为使存货到达目前场所或达到当前状态所发生的其他成本构成。

（2）存货的期末计量

资产负债表日，存货应按照成本与可变现净值孰低计量。要注意，若存货成本高于其可变现净值，应计提存货跌价准备，并计入当期损益。可变现净值指日常经营活动中存货的估计售价减去至完工时估计将要发生的成本、销售费用及相关税费后的净额；存货成本指期末存货的实际成本。

若企业在日常核算中采用计划成本法或售价金额核算法等简化核算存货成本，则存货的期末成本应是调整后的实际成本。

4.3.3 自制存货的处理

企业的存货分为自制存货和外购存货，两者的成本构成不同，账务处理也不同。自制存货指企业自己加工制造的存货，如自制材料、自制半成品和产成品等，它们的成本包括自制过程中消耗的直接材料费、直接人工费、制造费用和其他直接费用。

对于自制存货的成本，新会计准则还强调了如图4-19所示的两点。

自制存货的新准则

- 自制存货发生的非正常的直接材料费、直接人工费和制造费用等不计入存货的成本，应在发生时直接计入当期损益。
- 诸如大型机器设备、船舶和飞机等生产周期较长且用于出售的自制存货，在生产前借入的款项发生的利息可以资本化的，计入存货的成本。也就是说，购建固定资产所使用的专门借款产生的借款费用可以资本化，这对企业的会计核算有重大影响。

图4-19 自制存货的新准则

自制存货需要根据存货所处的不同生产环节进行相应的会计核算，情况较复杂，这里就不再详细介绍。

4.3.4 外购存货的处理

外购存货是指企业从外部单位购进的各种存货，如商品流通企业的外购商品、工业企业的外购材料和外购零部件等。

（1）外购存货的计价

外购存货的成本由买价、相关采购费用和税费3部分组成，具体如表4-16所示。

表4-16

成本构成	具体内容
买价	指销货单位开具的发票注明价款，若发生商业折扣或销售折让，买价应为扣除折扣或折让金额后的实际价款
采购费用	指运杂费、运输途中的合理耗损、入库前的整理挑选费和购入存货时应负担的税费及其他费用
税费	指外购存货时，除了买价和采购费用外，还需支付的相关流转环节的税费

提示 *关于流转环节的税费*

目前，我国流转税有两种：价内税和价外税。商品价格中包含流转税税额的为价内税，如消费税、资源税和城市维护建设税等；商品价格中不包括流转税税额的为价外税，如增值税。

由此可见，价内税构成了外购存货的成本，而价外税是否构成外购存货的成本，主要看购货单位的纳税人性质。若属于小规模纳税人，则无论购进货物或商品是否取得增值税抵扣凭证，增值税额一律计入外购存货的成本；若属于一般纳税人，则取得增值税扣税凭证的，增值税额不计入外购存货的成本，未取得扣税凭证或外购存货用于非应税项目和免交增值税项目的，外购存货的增值税要计入成本。

（2）外购存货的入账价值

按照企业会计准则的规定，各种存货应按照取得时的实际成本入账。影响外购存货入账价值的因素有以下5个方面，如图4-20所示。

购货价格

即企业购入存货时销货方开具的发票上注明的不含税价格

运杂费

指外购存货在运输时发生的运输费、装卸费、保险费、包装费和仓储费等

运输途中合理损耗

合理损耗指正常损耗，如正常磨损、挥发和氧化等，这些要计入外购存货的成本，但超定额损耗不计入外购存货的成本

入库前挑选整理费用

按挑选整理过程中发生的人工费和必要损耗，扣除回收的下脚料、废料等的价值后的余额计入外购存货的成本

存货应负担的税费

指企业外购存货时，应缴纳的部分流转税需要计入外购存货的成本

图4-20 影响存货入账价值的因素

（3）外购存货的账务处理

在采购环节无论货物是否验收入库，财会人员只有在收到销货方开具的增值税发票时才能做账；未收到发票的，暂时不能做账。下面以一般纳税人为例，细分采购环节，讲解每部分涉及的账务处理，如表4-17所示。

表4-17

情形	账务处理
收到发票，货未到	借：在途物资 　　应交税费——应交增值税（进项税额） 　　贷：银行存款

续上表

情形	账务处理
货入库	借：原材料 　　贷：在途物资
未收到发票，货未到	不做账务处理
货入库，未收到发票	暂不做账务处理，等待月末的到来
月末仍未收到发票，暂估入账	借：原材料——暂估入账 　　贷：应付账款
下月初，红字冲账	借：原材料——暂估入账（红字） 　　贷：应付账款（红字）
收到发票时正常做账	借：原材料 　　应交税费——应交增值税（进项税额） 　　贷：银行存款

注意，外购存货在暂估入账时，不考虑增值税。

实账处理 外购一批材料的账务处理

甲公司购入一批材料，增值税专用发票上注明价款5 000元，增值税额650元，运费单独开具了发票，金额为150元，增值税额13.5元。已知材料在途中发生了合理损耗5斤，折合价为100元，材料已验收入库，货款以银行存款付清。

运费和合理耗损要计入外购材料的成本，因此合理耗损不能从价款中扣除，所以取得增值税专用发票时的会计分录如下。

借：原材料　　5 150

　应交税费——增值税（进项税额）　　663.5

　贷：银行存款　　5 813.5

如果其他条件都不变，只是当月月末甲公司仍未收到增值税专用发票，则需做暂估入账处理。

借：原材料　　5 150

　　贷：应付账款　　5 150

此情况下，在下月初时红字冲账。

借：原材料　　5 150（红字）

　　贷：应付账款　　5 150（红字）

待收到增值税专用发票时，正常做账。

4.3.5 委托加工存货的处理

委托加工存货指企业委托其他单位代为加工改制的各种存货，包括委托加工材料、委托加工自制半成品和委托加工商品等。委托加工存货有两个特点：所有权属于委托方；加工后的价值会增加，形态会改变。

（1）委托加工存货的账户

委托加工存货一般以“委托加工物资”账户进行核算，如图4-21所示。

借方　　委托加工物资	贷方
①企业发出的材料或半成品的价值 ②企业支付的加工费和运杂费等 ③收回后直接用于销售的委托加工物资所对应的应由受托方代收代缴的消费税税额	④加工完成验收入库的物资的实际成本 ⑤剩余物资入库
期末余额：企业委托外单位加工而尚未加工完成的物资的实际成本	

图4-21 委托加工物资的T型账户结构

（2）委托加工存货的账务处理

企业根据加工合同的规定向受托加工单位拨付原材料前，需填制《委托加工物资发料单》，经领导审批后，企业的仓管部门才能发料。

企业发出物资时，一般根据物资的实际成本入账。如果采用计划成本法进行核算，需考虑材料成本差异。

借：委托加工物资
　　贷：原材料

借：委托加工物资
　　材料成本差异（实际成本＜计划成本）
　　贷：原材料
　　　　材料成本差异（实际成本＞计划成本）

向受托加工单位支付加工费时，要按规定计算增值税进项税额，且无论收回后是否直接出售，均单独核算。若需要缴纳消费税，还应视情况而定，处理消费税的账务，具体如表4-18所示。

表4-18

情形	账务处理
委托加工物资收回后用于连续生产	借：委托加工物资（加工费） 　　应交税费——应交增值税（进项税额） 　　　　　　——应交消费税 　　贷：银行存款
委托加工物资收回后直接销售	借：委托加工物质（加工费+消费税） 　　应交税费——应交增值税（进项税额） 　　贷：银行存款

企业收回委托加工的物资后，要填制《委托加工物资收料单》，送交财务部门用于记账，同时通知仓管部门收料。此时对应上表中的两种情况，若收回委托加工物资用于连续生产，则会计分录如下。

借：原材料
　　贷：委托加工物资（加工费）

若收回委托加工物资直接销售，此时物资成为库存商品。

借：库存商品

贷：委托加工物资（加工费+消费税）

实账处理 委托加工A产品的账务处理

甲公司委托某单位代加工某一应税消费品，已知发出原材料的计划成本为102 300元，材料成本的差异率为1%（即实际成本高于计划成本）。加工完成并验收入库后，该产品会直接用于销售，且计划成本为151 000元，收到的增值税专用发票注明加工费15 600元，增值税额2 028元，受托单位代收代缴的消费税45 300元，用计划成本法进行账务处理。

1.发出待加工原材料时，考虑材料成本差异。

材料成本差异=102 300×1%=1 023（元）

借：委托加工物资　　103 323（实际成本）

贷：原材料　　102 300（计划成本）

材料成本差异　　1 023

2.支付加工费，产品收回后直接销售，消费税不单独核算。

借：委托加工物资　　60 900

应交税费——应交增值税（进项税额）　2 028

贷：银行存款　　62 928

3.加工完成后验收入库，考虑产品成本差异。

产品成本差异=103 323+60 900−151 000=13 223（元）

借：库存商品——××　　151 000

产品成本差异　　13 223

贷：委托加工物资　　164 223

4.3.6 接受捐赠存货的处理

由于以资产货物无偿赠送给其他单位或个人，视同销售行为，因此，当企业在接受捐赠的货物时，也视同购买，其货物的入账价值应与外购存货的处理一致，包括买价、采购费用和相关税费等。但是，其中的买价在确认时要区分两种情况，具体内容如下。

（1）捐赠方提供了相关凭据

在这种情况下，应按凭据（如发票、报关单或协议等）上标明的金额确认受赠货物的入账价值。

实账处理 供应商赠送30个B产品的账务处理

2019年6月10日，甲公司收到向外单位采购的材料，其中包括销货方赠送的30个B产品。在收到销货发票的同时，还收到外单位开具的关于产品赠送的相关凭据，上面注明B产品的单价为37元/个，适用税率13%。甲公司应对这些B产品做如下账务处理。

借：库存商品——B产品　　1 110

　　应交税费——应交增值税（进项税额）　　144.3

　　贷：营业外收入——捐赠收入　　1 254.3

（2）捐赠方没有提供有关凭据

在捐赠方没有提供有关凭据的情况下，又需要分情形处理账务。第一，同类或类似存货有活跃市场；第二，同类或类似存货没有活跃市场。这两种情形的存货入账价值计算公式分别如下。

存货实际成本=估计的存货市场价格+应支付的相关税费

存货的实际成本=接受捐赠存货的预计未来现金流量现值

实账处理 供应商赠送一批原材料的账务处理

2019年6月20日，乙公司的供应商向其捐赠了一批原材料，根据该原材料所处的当前活跃市场的情况，估计其市价为6 750元。原材料运抵公司后，收到运费发票，注明价税合计230元，用现金支付。账务处理如下。

借：原材料　　6 980

　　贷：营业外收入——捐赠收入　　6 750

　　　　库存现金　　230

4.3.7 存货的发出处理

企业在确定发出存货的实际成本时，有4种方法可供选择。

◆ 先进先出法

先进先出法指以“先入库的存货先发出”为前提来假定成本的流转顺序，对发出及结存存货进行计价的一种方法。

◆ 加权平均法

加权平均法也称全月一次加权平均法，是以本月全部购进存货的实际成本与月初存货实际成本之和，除以本月全部购进存货的数量与月初存货数量之和，得出本月存货的加权平均单位成本，再据此计算本月发出存货的实际成本和月末库存存货实际成本的一种方法。计算公式如下。

存货加权平均单位成本=[月初结存存货实际成本+本月购进存货实际成本]÷[月初结存存货数量+本月购进存货数量]

本月发出存货成本=本月发出存货数量×存货加权平均单位成本

月末库存存货成本=月末库存存货数量×存货加权平均单位成本

◆ 移动平均法

移动平均法即移动加权平均法，是在月初存货的基础上，每入库一批存货都要根据新的库存存货数量和总成本重新计算一个新的加权平均单价，并据此计算发出存货及结存存货实际成本的一种计价方法，计算公式如下。

新加权平均单位成本=[原结存存货成本+新购进存货成本]÷[原结存存货数量+新购进存货数量]

本次发出存货成本=本次发出存货数量×新加权平均单位成本

本次发出后结存存货成本=本次发出后结存存货数量×新加权平均单位成本

◆ 个别计价法

个别计价法又称个别认定法、具体辨认法或分批实际法。采用这一方法是假定存货的成本流转与实物流转一致，按照各种存货逐一辨认各批发出存货和期末存货所属的购进批次或生产批别，分别按其购入或生产时所确定的单位成本作为计算各批发出存货和期末库存存货的成本的方法。

实账处理　发出C产品的不同计价方法

8月，甲公司的C商品收、发、存情况如下：8月1日结存200件，单位成本1万元；8月7日购入300件，单位成本1.1万元；8月8日发出200件；8月19日购入250件，单位成本1.2万元；8月20日发出180件。已知8月末，合计C商品结存370件。分别采用先进先出法、移动加权平均法和月末一次加权平均法计算C商品8月发出存货的成本和结存存货的成本。

1.先进先出法

本月可供发出存货成本=200+300×1.1+250×1.2=830（万元）

本月发出存货成本=200×1+180×1.1=398（万元）

本月月末结存存货成本=830-398=432（万元）

②移动加权平均法

8月7日购入后加权平均单位成本=（200+300×1.1）÷（200+300）=1.06（万元）

8月8日发出存货的成本=200×1.06=212（万元）

8月8日结存存货的成本=300×1.06=318（万元）

8月19日购入后的加权平均单位成本=（318+250×1.2）÷（300+300）=1.03（万元）

8月20日发出存货的成本=180×1.03=185.4（万元）

8月20日结存存货成本=370×1.03=381.1（万元）

本月发出存货成本 =212+185.4=397.4（万元）

③月末一次加权平均法

加权平均单位成本=830÷（200+300+250）=1.11（万元）

本月发出存货成本=（200+180）×1.11= 421.8（万元）

本月月末结存存货成本=830-421.8=408.2（万元）

4.3.8 存货的清查和盘点

存货清查一般采用实地盘点法，清查结果有账实相符、盘盈和盘亏这3种，其中账实相符不涉及账务处理，盘盈和盘亏都需要调账。存货的盘盈、盘亏要通过“待处理财产损溢”科目进行过渡核算。

（1）盘盈

存货盘盈是指单位清查出的库存材料、低值易耗品、在产品和产成品等的实存数高于其账面余额数。

财会人员应将清查人员编制的《存货盘存报告表》作为原始凭证，对盘盈的存货进行账目调整，会计处理如下。

1.审批前

借：原材料/库存商品等

　　贷：待处理财产损溢

2.审批后

借：待处理财产损溢

　　贷：管理费用

（2）盘亏

存货盘亏是指单位清查出的库存材料、低值易耗品、在产品和产成品等的实存数低于其账面余额数。企业在生产经营过程中，除正常损失外，还会因自然灾害、管理不善等原因造成货物的损毁，即税法中的“非正常损失”。此时也要根据《存货盘存报告表》调整账目，如表4-19所示。

表4-19

环节	账务处理
审批前	借：待处理财产损溢 　贷：原材料 　　应交税费——应交增值税（进项税额转出）
审批后	借：管理费用（正常损耗、管理不善引起的短缺） 　　其他应收款（责任人或保险公司应赔偿的部分） 　　营业外支出——非常损失（自然灾害、不可抗力等引起短缺） 　　贷：待处理财产损溢 借：原材料（残料入库） 　　贷：待处理财产损溢

实账处理　甲公司盘盈、盘亏原材料的账务处理

1.8月末，甲公司清查盘点原材料时盘盈1 000元。

审批前，调增账面余额。

借：原材料　　1 000

　　贷：待处理财产损溢——材料盘盈　　1 000

审批后，无法查明原因，冲减管理费用。

借：待处理财产损溢——材料盘盈　　1 000

　　贷：管理费用　　1 000

2.9月末，甲公司再次对原材料进行清查盘点，这次盘亏了价值1 500元的原材料，适用税率13%。经查明，因库管工作失职导致材料毁损，要求其赔偿1 000元，剩余损失做营业外支出处理。

审批前，调减原材料的账面余额，并转出增值税进项税额。

需转出的增值税进项税额=1 500×13%=195（元）

借：待处理财产损溢——材料盘亏　　1 695

　　贷：原材料　　1 500

　　　　应交税费——应交增值税（进项税额转出）　195

审批后，部分应由库管赔偿，其余损失由公司承担。

借：其他应收款——××　　1 000

　　营业外支出　　695

　　贷：待处理财产损溢——材料盘亏　　1 695

企业可根据自身经营需要，规定存货的清查盘点是定期盘点还是不定期盘点。通常定期盘点在月末、季度末或年终时进行，而不定期盘点属于临时性盘点，一般在事故损失、会计人员交接工作以及存货调价等情况发生时进行。

企业应做好存货的清查盘点工作，加强存货的管理，防止存货呆滞、积压或毁损。

第5章

非流动资产的主要表现形式及账务处理

对企业来说，最常见的非流动资产有固定资产和无形资产等。其中，固定资产可在生产经营过程中长期发挥作用，且长期保持原来的实物形态；而无形资产虽然也可长期发挥作用，但其本身没有实物形态。这些资产的价值会随着企业生产经营活动的进行而逐渐转移到产品成本中去，并构成产品价值的组成部分。

5.1 实实在在的大物件：固定资产的处理

企业为了生产商品、提供劳务或出租服务以及进行经营管理而持有的、使用寿命超过一个会计年度的有形资产，称为固定资产，如房屋、建筑物、机器设备、运输工具和其他与生产经营有关的器具、工具等。

5.1.1 固定资产的入账价值

企业购建某项固定资产并在其达到预定可使用状态前发生的一切合理、必要的支出，均确定为该固定资产的入账价值。如支付的固定资产买价、运杂费、包装费和安装成本等，是直接支出；应予以资本化的借款利息、外币借款折合差数以及应予以分摊的其他间接费用等，是间接支出。

（1）固定资产的认定

实务中，须同时具有下列特征的有形资产才能初步确认为固定资产。

- 为生产商品、提供劳务、出租或经营管理而持有。
- 使用寿命超过一个会计年度。

由此可见，是否确认为固定资产，需要看其持有目的是否是作为生产资料，若只是作为可出售的商品，则不能确认为固定资产。另外，如果资产的使用时间未超过一个会计年度，则无法作为长期持有的资产进行后续计量，也就不能称为固定资产。除此之外，固定资产的确认还需满足如下所示的两个条件。

- 与该固定资产有关的经济利益很可能流入企业。

◆ 该固定资产的成本能够可靠地计量。

(2)取得固定资产的处理

固定资产的取得方式包括外购、自建和接受投资者投入等。下面具体介绍外购固定资产和自建固定资产的账务处理，其中外购固定资产又分为外购不需安装的固定资产和外购需要安装的固定资产两种情形。

◆ 外购不需安装的固定资产

不需安装的固定资产的取得成本包括：企业实际支付的购买价款、包装费、运杂费、保险费、专业人员服务费和相关税费（不含可抵扣的增值税进项税额）等。

实账处理 购入不需安装设备的处理

A公司购入一台不需安装的包装机设备，含税价款为113 00元，保险费300元，款项以银行存款支付。

该设备的入账价值=113 00÷（1+13%）+300=10 300（元），会计分录如下。

借：固定资产　10 300

　　应交税费——应交增值税（进项税额）　1 300

　　贷：银行存款　11 600

注意，在采购过程中可能发生的差旅费和业务招待费等，不计入外购固定资产的成本，而应计入当期损益，如管理费用。

◆ 外购需要安装的固定资产

购入需要安装的固定资产，应将支付的实际买价、包装费、运杂费、保险费、专业人员服务费和相关税费等加上安装调试成本，一起作为该购入固定资产的成本。这种情况下，先通过“在建工程”科目核算，待固定资产安装完毕并达到预定可使用状态时，再由“在建工程”科目的贷方转入“固定资产”科目的借方。

实账处理 **购入需要安装固定资产的处理**

甲公司购入一台需要安装的机器设备，用于生产主营产品。收到的增值税专用发票上注明价款183 000元，增值税税额23 790元。已知请外部人员安装共花费9 000元，会计处理如下。

1.购入机器设备等待安装。

借：在建工程　　183 000

　　应交税费——应交增值税（进项税额）　　23 790

　　贷：银行存款　　206 790

2.安装完毕，支付安装费。

借：在建工程　　9 000

　　贷：银行存款　　9 000

3.设备安装完毕并交付使用。

该设备的入账价值=183 000+9 000=192 000（元）

借：固定资产　　192 000

　　贷：在建工程　　192 000

◆ 自建的固定资产

在自建某项固定资产并达到预定可使用状态前发生的所有必要支出，均构成该项自建固定资产的入账成本，具体包括工程物资价款、人工成本、应缴纳的相关税费、应予以资本化的借款费用以及应分摊的各种间接费用等。

实账处理 自建固定资产的处理

B公司由于生产经营所需，正在自建一条生产线。已知前期一次性购入工程物资2 200万元，增值税税额286万元。在施工过程中，共发生工人工资42万元。在这条生产线达到预定可使用状态前，还进行了试运行，期间发生相关费用8万元。会计处理如下。

1.购入工程物资并使用。

借：工程物资　　22 000 000

　　应交税费——应交增值税（进项税额）　　2 860 000

　　贷：银行存款　　24 860 000

借：在建工程　　22 000 000

　　贷：工程物资　　22 000 000

2.分配工人工资并发生相关费用。

借：在建工程　　420 000

　　贷：应付职工薪酬　　420 000

借：在建工程　　80 000

　　贷：银行存款　　80 000

3.固定资产入账成本=22 000 000+420 000+80 000=22 500 000（元）

借：固定资产　　22 500 000

　　贷：在建工程　　22 500 000

5.1.2 固定资产的折旧范围

固定资产折旧指固定资产在使用过程中逐渐损耗而转移到商品或费用中去的那部分价值，也是企业在生产经营过程中由于使用固定资产而在其使用年限内分摊的固定资产耗费。确定固定资产的折旧范围是计提折旧的前提，但有的固定资产计提折旧，有的不计提折旧，如图5-1所示。

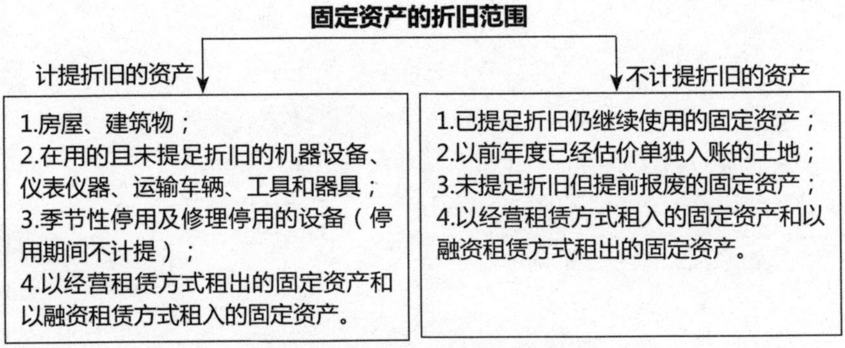

图5-1 固定资产的折旧范围

但是有3种特殊情况是不属于以上两类固定资产折旧范围的，如图5-2所示。

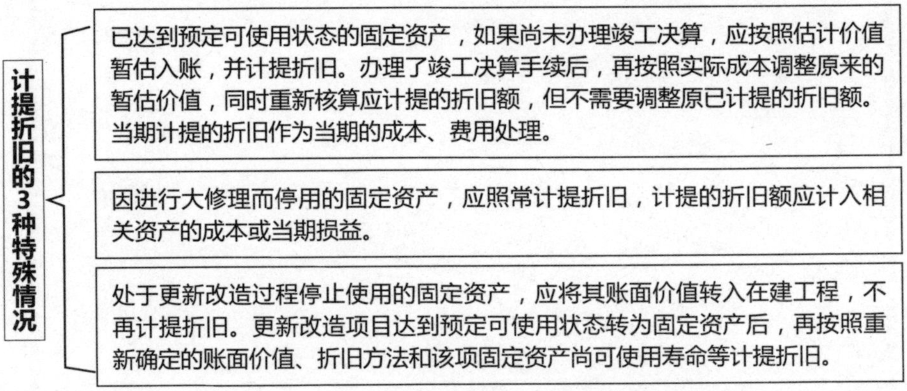

图5-2 计提折旧的3种特殊情况

5.1.3 固定资产的折旧计提

固定资产的成本就是它的价值，使用过程中，其价值在被逐渐消耗。而固定资产的使用目的是生产产品，为了体现价值，就要将其成本分摊到产品中去。如何分摊呢？这就需要进行固定资产折旧的计提。计提折旧的方法有年限平均法、工作量法、双倍余额递减法和年数总和法这4种。

（1）年限平均法

年限平均法又称直线法，是计提折旧时最简单且最常用的一种方法。此法是以固定资产的原价减去预计净残值后的余额除以预计使用年限，求得每年的折旧额，计算公式如下。

年折旧率=（1－预计净残值率）÷预计使用寿命（年）×100%

月折旧额=固定资产原价×年折旧率÷12

实账处理 甲公司采用年限平均法计提办公楼折旧的处理

甲公司某办公楼原值1 230 000元，预计使用年限40年，预计净残值率7%，则该办公楼的月折旧率和月折旧额计算如下。

年折旧率=（1−7%）÷40×100%=2.33%

月折旧率=2.33%÷12=0.19%

月折旧额=1 230 000×0.19%=2 337（元）

（2）工作量法

工作量法指以固定资产能提供的工作量为单位来计算折旧额的方法。工作量可以是汽车的总行驶里程，也可以是机器设备的总工作台班或总工作小时等。计算公式如表5-1所示。

表5-1

工作量	计算公式
按行驶里程计算折旧	单位里程折旧额=原值×（1−预计净残值率）÷总行驶里程
按工作小时计算折旧	每工作小时折旧额=原值×（1−预计净残值率）÷工作总小时

续上表

工作量	计算公式
按工作台班计算折旧	每台班折旧额=原值×（1-预计净残值率）÷工作总台班数

实账处理　甲公司采用工作量法计提汽车的折旧

甲公司用于生产产品的设备有10台，每台原值105 000元，预计净残值4 600元，预计总工作时间为20 080小时。已知当月每台设备都工作了200小时，则当月共计提折旧计算如下。

每台每工作小时折旧额=（105 000-4 600）÷20 080=5（元/小时）

每台当月折旧额=5×200=1 000（元）

当月共计提折旧额=10×1 000=10 000（元）

（3）双倍余额递减法

双倍余额递减法指在不考虑固定资产预计净残值的情况下，将每期固定资产的期初账面净值乘以一个固定不变的百分率（即年折旧率），计算折旧额的一种加速折旧的方法，计算公式如下。

固定资产期初账面净值=固定资产原值-累计折旧

年折旧率=2÷预计的折旧年限×100%

年折旧额=固定资产期初账面净值×年折旧率

月折旧率=年折旧率÷12

月折旧额=固定资产期初账面净值×月折旧率

但要注意，该方法下最后两年计提折旧时要采用年限平均法。

每年折旧额=（固定资产原值-累计折旧-净残值）÷2

实账处理　甲公司采用双倍余额递减法计提某资产的折旧

甲公司某项固定资产的原值为140 000元，预计使用年限为5年。采用双倍余额递减法计算净残值率为5%时的各年折旧额。

年折旧率=2÷5×100%=40%

第1年应计提的折旧额=140 000×40%=56 000（元）

第2年应计提的折旧额=（140 000−56 000）×40%

=33 600（元）

第3年应计提的折旧额=（140 000−56 000−33 600）×40%

=20 160（元）

从第4年起采用年限平均法计提折旧。

第4、5年每年应计提的折旧额=[（140 000−56 000−33 600−20 160）−140 000×5%]÷2=11 620（元）

（4）年数总和法

年数总和法是指用固定资产原值减去预计净残值后的净额，乘以一个逐年递减的分数（即各年的折旧率），计算折旧额的一种加速折旧的方法。逐年递减分数的分子代表固定资产可使用的年数，分母代表使用年数的逐年数字之和，假定使用年限为n年，分母即为1+2+3+…+n=n（n+1）÷2，相关计算公式如下。

年折旧率=尚可使用年数÷年数总和×100%

年折旧额=（固定资产原值－预计净残值）×年折旧率

月折旧率=年折旧率÷12

月折旧额=（固定资产原值-预计净残值）×月折旧率

实账处理 **采用年数总和法计提甲公司某台机器的折旧**

某公司购进一台价值300 000元的机器，预计可使用5年，净残值率3%，采用年数总和法计提折旧，求每年计提的折旧额。

年数总和=1+2+3+4+5=15

净残值=300 000×3%=9 000（元）

需要折旧的总和=300 000−9 000=291 000（元）

第1年的折旧额=291 000×5÷15=97 000（元）

第2年的折旧额=291 000×4÷15=77 600（元）

第3年折旧额=291 000×3÷15=58 200（元）

第4年折旧额=291 000×2÷15=38 800（元）

第5年折旧额=291 000×1÷15=19 400（元）

5.1.4 固定资产清理

固定资产因使用磨损、遭受自然灾害或意外事故等丧失生产能力，或因陈旧过时等需要淘汰，而进行价值鉴定、报废、核销资产和残值处理等一系列工作的总称，即为固定资产清理。

“固定资产清理”是资产类账户，用来核算企业因出售、报废或毁损等转入清理的固定资产价值以及清理过程中发生的清理费用和收入等。该账户借方登记转入清理的固定资产净值和清理过程中发生的各项费用，贷方登记出售固定资产收回的价款、残料价值和变价收入等。清理完毕后，若为贷方余额，表示固定资产清理净收益；若为借方余额，表示固定资产清理净损失；最后要将贷方或借方的余额转入“资产处置损益”账户或营业外收支类账户中。如图5-3所示的是固定资产清理时的主要账务处理。

1 企业因出售、转让、报废和毁损、对外投资、融资租赁、非货币性资产交换及债务重组等处置固定资产时，按该项固定资产账面价值，借记“固定资产清理”科目，按已计提的累计折旧，借记“累计折旧”科目，原已计提减值准备的，借记“固定资产减值准备”科目，按账面原值，贷记“固定资产”科目。

2 清理过程中发生的其他费用及应支付的相关税费，借记“固定资产清理”科目，贷记“银行存款”“应交税费——应交增值税（销项税额）”等科目。收回出售固定资产的价款、残料价值和变价收入等，借记“银行存款”“原材料”等科目，贷记“固定资产清理”科目。应由保险公司或过失人赔偿的部分，借记“其他应收款”科目，贷记“固定资产清理”科目。

3 清理完毕后，“固定资产清理”科目的借方余额，属于筹建期间的，借记“管理费用”科目，贷记本科目；属于生产经营期间由自然灾害等非正常原因造成的损失，借记“营业外支出——非常损失”科目，贷记本科目；属于生产经营期间正常的处置损失，借记“资产处置损益”科目，贷记本科目。贷方余额表明固定资产处置收益，若是生产经营期间正常处置收益，则借记本科目，贷记“资产处置损益”科目；若是因自然灾害、不可抗力等非正常原因造成的处置收益，则借记本科目，贷记“营业外收入——非流动资产处置利得”科目。

图5-3 固定资产清理的账务处理

“固定资产清理”科目的期末余额反映企业未清理完毕的固定资产价值或清理后的净损益。

实账处理 出售一台机器的账务处理

甲公司有一台机器虽然还没有达到使用年限，但是因性能过时而不能再使用，于是决定将其出售。该机器原值180 000元，已计提折旧144 000元。清理时，支付各项费用共4 000元（不考虑增值税），出售该机器收回价款25 000元（不考虑增值税）。所有款项均以银行存款收付。

1.将被清理的固定资产的账面余额转入“固定资产清理”科目的借方。

借：固定资产清理　　　　　　　　36 000

累计折旧　　　　　　　　　144 000

　　贷：固定资产　　　　　　　　180 000

2.以银行存款支付清理费用。

借：固定资产清理　　　　　　　4 000

　　贷：银行存款　　　　　　　　4 000

3.出售固定资产收回的价款。

借：银行存款　　　　　　　　25 000

　　贷：固定资产清理　　　　　　25 000

4.由前3步可知，“固定资产清理”科目的余额在借方，说明处置该资产有净损失，应将其转入“资产处置损益”科目。

固定资产清理的净损失=36 000+4 000−25 000=15 000（元）

借：资产处置损益　　　　　　15 000

　　贷：固定资产清理　　　　　　15 000

上述案例中出售的机器是因为性能不符合生产需求而被清理。按照以前的会计处理方式，第4步应将清理净损失转入“营业外支出”科目借方，即“借：营业外支出 15 000 贷：固定资产清理 15 000”；但新政策下，经营原因导致的固定资产清理，净损失计入“资产处置损益”科目借方，如案例第4步所示，而净收益计入“资产处置损益”科目贷方，即借记“固定资产清理”科目，贷记“资产处置损益”科目。新政策前的处理方式会影响当期利润表中的利润总额，而新政策后会影响当期利润表中的营业利润。

5.1.5 固定资产盘盈盘亏的处理

固定资产除了涉及日常会计核算外，还需定期或不定期进行清查盘点，以保证固定资产账务处理的真实性和正确性。清查盘点过程中，相关人员要编制《资产盘点报告表》，记录固定资产的盘盈、盘亏情况，同时查明盘盈、盘亏的原因，最后按规定程序做报批处理。

（1）固定资产盘盈

在固定资产清查盘点过程中，发现实存数高于其账面余额或账面数量，这就是固定资产盘盈。一经发现，相关人员要及时查明原因，并按规定报主管部门和领导审批，最后按审批意见调整账面记录。

依据新准则规定，固定资产盘盈不再计入当期损益，而是作为以前期间的会计差错，记入“以前年度损益调整”科目。企业在盘盈固定资产时，首先应确定盘盈固定资产的原值、累计折旧和固定资产净值，根据原值借记“固定资产”科目，贷记“累计折旧”科目，将两者的差额贷记“以前年度损益调整”科目。

由于“以前年度损益调整”会影响当期利润，因此在税法上需计算应补缴的所得税费用。按应补缴的所得税费用，借记“以前年度损益调整”科目，贷记“应交税费——应交企业所得税”科目；接着补提盈余公积，借记“以前年度损益调整”科目，贷记“盈余公积”科目；最后调整利润分配，将“以前年度损益调整”科目的余额转入“利润分配”科目中，即借记或贷记“以前年度损益调整”科目，贷记或借记“利润分配——未分配利润”科目。

实账处理 **盘盈一台机器设备的账务处理**

2019年6月26日，甲公司对内部的固定资产进行清查盘点，发现多了一台机器设备，经评估，该设备只有6成新，在活跃市场中，同类机器的价格为130 000元，企业所得税税率25%。

1.将盘盈的固定资产账面价值转入以前年度损益调整。

累计折旧=130 000×（1-0.6）=52 000（元）

借：固定资产　　　　130 000

　　贷：累计折旧　　　　52 000

　　　　以前年度损益调整　　　　78 000

2.计算应缴纳的所得税费用：78 000×25%=19 500（元）

借：以前年度损益调整　　　　19 500

　　贷：应交税费——应交企业所得税　　　　19 500

3.提取法定盈余公积：（78 000-19 500）×10%=5 850（元）

借：以前年度损益调整　　　　5 850

　　贷：盈余公积——法定盈余公积　　　　5 850

4.调整利润分配：78 000-19 500-5 850=52 650（元）

借：以前年度损益调整　　　　52 650

　　贷：利润分配——未分配利润　　　　52 650

（2）固定资产盘亏

在固定资产的清查盘点工作中，查出固定资产实有数低于账面余额或账面数量，即为固定资产盘亏。一经发现，也要及时查明原因并承担相应的责任，报经有关领导审批后，根据审批意见调整账面记录。

固定资产盘亏时，调减固定资产的账面余额，即贷记“固定资产”科目，同时按该固定资产已计提的折旧，借记“累计折旧”科目，若计提了减值准备，还应借记“固定资产减值准备”科目，然后按借贷方的差额，借记“待处理财产损溢”科目。报经批准后，按审批意见将盘亏损失从“待处理财产损溢”科目的贷方转入“营业外支出”等科目的借方。

各环节的账务处理如表5-2所示。

表5-2

环节	账务处理
报经批准前	借：待处理财产损溢——待处理固定资产损溢 累计折旧 固定资产减值准备 贷：固定资产（盘亏的固定资产原值）
报经批准后	借：其他应收款（应由过失人或保险公司赔偿的部分） 营业外支出——盘亏损失（无法查明原因的部分） 贷：待处理财产损溢——待处理固定资产损溢

实账处理　盘亏一台空气消毒机的账务处理

乙公司是一家生产食品的企业，为了更好地开展下半年的工作，6月末公司组织相关人员清查盘点固定资产。根据盘点发现有一台空气消毒机不见了。经查明，该消毒机的原价为5 200元，已计提折旧3 640元，已计提减值准备1 000元，不见的原因是设备管理人员失职。经上级批准，由相关的设备管理员赔偿500元，剩余部分的损失由公司承担。

1.盘点发现空气消毒机丢失时。

借：待处理财产损溢　560

　　累计折旧　3 640

　　固定资产减值准备　1 000

　　贷：固定资产　5 200

2.报经上级批准后。

借：其他应收款——××　500

　　营业外支出——盘亏损失　60

贷：待处理财产损溢　　560

3.收到设备管理员的赔偿款。

借：库存现金　　500

贷：其他应收款——××　　500

提示 *固定资产盘亏与减少的区别*

1.固定资产盘亏是在固定资产清查盘点时发现的一种实存数小于账存数的账实不符的现象，它可能是平时记错账引起的，或者是管理不善导致的。要做的会计工作是调账，调账时贷记“固定资产”科目只是为了减少其账面余额，使账实相符，实际上没有固定资产实物的流出。所以，核算时应借助“待处理财产损溢——待处理固定资产损溢”科目。

2.固定资产减少是企业生产经营过程中可能出现的正常事项，即固定资产实物减少时，必定需要减少固定资产的账面余额。要做的会计工作是记账，记账时贷记“固定资产”科目，表示固定资产减少，借记“累计折旧”和“固定资产减值准备”等科目，按借贷差额借记“固定资产清理”科目。

5.2 “隐形”的资产：无形资产的处理

无形资产是指企业拥有或控制的没有实物形态的可辨认非货币性资产。它具有广义和狭义之分，广义的无形资产包括货币资金、应收账款、金融资产、专利权和商标权等，但会计上通常将无形资产作狭义的理解，即只将专利权、商标权等称为无形资产。

5.2.1 无形资产的特点及内容

无形资产满足下列条件之一的，都属于符合可辨认性这一标准，也就是说，无形资产可辨认的标准有如图5-4所示的两点。

无形资产可辨认的标准

- 能够从企业中分离或划分出来，并能够单独或与相关合同、资产或负债一起，用于出售、转移、授予许可、租赁或交换。
- 源自合同性权利或其他法定权利，无论这些权利是否可以从企业或其他权利和义务中转移或分离出来。

图5-4 无形资产可辨认标准的条件

由上图介绍的两个无形资产的可辨认标准来看，专利权、非专利技术、商标权、著作权、土地使用权和特许权等属于无形资产，而商誉的存在无法与企业自身分离，不具有可辨认性，因此一般不属于无形资产。

（1）无形资产的特点

无形资产与有形资产之间具有明显不同，它的特点如下所示。

◆ **非实体性：**无形资产没有实物形态，人们无法利用感官感知，只能从观念或思想上去认知，使用时也不会有有形损耗，所以报废时一般是没有残值的。

◆ **有偿性**：大多数无形资产受法律制度保护，因此相关当事人要付出一定代价取得无形资产。

◆ **不确定性**：无形资产受技术进步和市场变化的影响较大，有效期很难准确确定，也就显得不稳定，这就可能使无形资产逾期仍然发挥作用，或在尚未到期前其价值就已经不复存在。

◆ **共享性**：指无形资产有偿转让后，可由几个主体同时共有，如商标权，受让企业和出让企业可同时使用。这是无形资产与固定资产和流动资产之间的一个明显区别，固定资产和流动资产不可能同时在两个或两个以上的企业中使用。

◆ **高效性：**无形资产能给企业带来远高于其经营成本的经济效益。企业无形资产越丰富，则其获利能力越强，市场竞争力也就越强。

（2）无形资产的内容

按无形资产的形成是否包含人为因素，可分为社会无形资产和自然无形资产。社会无形资产通常包括专利权、非专利技术、商标权、著作权、特许权和土地使用权等；自然无形资产包括不具实物形态的天然气和风力等自然资源。这里主要介绍社会无形资产，详细说明如表5-3所示。

表5-3

名称	详细说明
专利权	指国家专利主管机关对发明创造专利的人依法授予在法定期限内享受发明创造的专利专有权利，包括发明专利权、外观设计专利权和实用新型专利权等
非专利技术	也称专有技术，指不受法律保护，在生产经营活动中应采用的但不为外界所知的，可以带来经济效益的各种技术和诀窍
商标权	指在某类特定的商品或产品上使用特定名称或图案的权利
著作权	指创作者对其创作的文学、科学和艺术作品依法享有的某些特殊权利
特许权	也称经营特许权或专营权，指企业在某一地区经营或销售某种特定商品的权利，或是一家企业接受另一家企业同意使用其商标、商号或技术秘密等的权利
土地使用权	国家准许某企业在一定期间内对国有土地享有开发、利用和经营的权利
商业秘诀	指权利人采取了保密措施，具有实用性，且能为权利人带来经济利益，但不为公众所知的技术信息和经营信息

5.2.2 无形资产的初始计量和后续计量

公司的无形资产的来源不尽相同，所以初始计量方式就会不同。

（1）无形资产的初始计量

无形资产应按照成本进行初始计量，这里主要介绍投资者投入的无形资产和自行开发的无形资产的账务处理。其他方式取得的无形资产，账务处理参照本章固定资产的账务处理。

◆ 投资者投入的无形资产

企业接受投资者作价投入的无形资产，应按投资合同或协议约定的价值确定无形资产的入账价值，但投资合同或协议约定价值不公允的情况除外。

实账处理　甲公司收到投资者130 000元无形资产投资的处理

甲公司收到乙公司投资的一项无形资产，合同价为130 000元。全部作为实收资本，会计分录如下。

借：无形资产　　130 000

　　贷：实收资本　　130 000

◆ 自行开发的无形资产

自行开发的无形资产，成本包括自满足无形资产确认条件至达到预定用途前所发生的支出总额，但对于以前期间已费用化的支出不再计入无形资产的成本。

企业自行研究开发无形资产时，应设置“研发支出”科目，核算企业在研究开发无形资产过程中发生的各项支出，过程中需要区分研究阶段和开发阶段。一般来说，研究阶段的支出全部费用化，通过“费用化支出”这一明细科目进行明细核算，而开发阶段的支出要区别可予以资本化和不能资本化的支出，可予以资本化的通过“资本化支出”这一明细科目进行明细核算，不能资本化的通过“费用化支出”核算。但要注意，若企业无法区分研究阶段和开发阶段，应将研究支出全部费用化，并计入当期损益。

实账处理 乙公司自行研发一项技术的处理

乙公司自行研发一项技术，在研究阶段支出合计100 000元，在开发过程中发生材料费用600 000元，人工费用350 000元以及其他费用200 000元，总计1 150 000元，其中符合资本化条件的支出为500 000元。2019年7月28日，该项新型技术已达到预定状态，费用以银行存款的方式付清。

1.研究阶段研发支出费用化。

借：研发支出——费用化支出　　100 000

　　贷：银行存款　　100 000

借：管理费用　　100 000

　　贷：研发支出——费用化支出　　100 000

2.开发阶段费用化的研发支出=1 150 000-500 000=650 000（元）。

借：研发支出——费用化支出　　650 000

　　贷：银行存款　　650 000

借：管理费用　　650 000

　　贷：研发支出——费用化支出　　650 000

3.开发阶段资本化的研发支出为500 000元。

借：研发支出——资本化支出　　500 000

　　贷：银行存款　　500 000

4.该项新型技术已达到预定状态，将资本化支出计入无形资产。

借：无形资产　　500 000

　　贷：研发支出——资本化支出　　500 000

（2）无形资产的后续计量

无形资产的后续计量包括判断无形资产的使用寿命是否确定、确定无形资产使用寿命应考虑的因素和无形资产摊销。

只有使用寿命确定的无形资产才能进行后续摊销，不能确定使用寿命的无形资产不应摊销。而无形资产的使用寿命应从可供使用时起算，到不再作为无形资产确认时止，这也是无形资产的摊销期间。

企业选择的无形资产摊销方法应反映与该项无形资产有关的经济利益的预期实现方式，无法可靠确定预期实现方式的，应采用直线法摊销。而无形资产的应摊销金额为成本扣除预计残值后的余额，已计提减值准备的无形资产，还应扣除已计提的无形资产减值准备累计金额。另外要注意，使用寿命有限的无形资产的残值一般视为零，但也有不为零的情况，如表5-4所示。

表5-4

条目	情形
1	有第三方承诺在无形资产使用寿命结束时购买该项无形资产
2	可根据活跃市场得到预计残值信息，且该市场在无形资产使用寿命结束时很可能存在

无形资产的摊销金额一般应计入当期损益（管理费用、其他业务成本等）。某项无形资产所包含的经济利益通过所生产的产品或其他资产实现的，摊销金额应计入相关产品或资产的成本。

◆ 直线法

直线法又称平均年限法，是将无形资产的应摊销金额均衡地分配到每一个会计期间的一种摊销方法，计算公式如下。

无形资产年摊销额=无形资产的应摊销金额÷使用年限

无形资产的应摊销金额=无形资产的原价−无形资产减值准备

实账处理 **丁公司摊销土地使用权的账务处理**

2019年8月，丁公司购入一项土地使用权，价值15 500 000元，使用年限为40年，全部价款以银行存款付讫。假设不考虑契税、耕地占用税和增值税等税费问题，账务处理如下。

1.2019年8月购进土地使用权。

借：无形资产——土地使用权　　　　15 500 000

　　贷：银行存款　　　　　　　　　　15 500 000

2.计算截至2019年年底，该土地使用权的摊销额。

该土地使用权每年摊销额=15 500 000÷40=387 500（元）

2019年应摊销金额=（387 500÷12）×5=161 458.33（元）

借：管理费用——无形资产摊销　　　161 458.33

　　贷：累计摊销　　　　　　　　　　161 458.33

◆ 产量法

按无形资产在整个使用期间提供的产量作为基础，计算应摊销额的方法，即产量法。使用前提是每单位产量耗费的无形资产价值相等，计算公式如下。

每单位产量摊销额=无形资产总价值÷整个使用期间所提供的产量

◆ 加速摊销法

加速摊销法是相对于每年摊销额相等的匀速直线摊销法而言的，是无形资产在使用的前期多摊销，后期少摊销，且摊销额逐年递减的一种摊销方法。采用加速摊销法的目的是使无形资产成本在估计使用年限内加快得到补偿。加速摊销法有双倍余额递减法和年数总和法，具体的实施参照固定资产的双倍余额递减法和年数总和法。

5.2.3 无形资产的出售和报废

出售或报废无形资产，均属于无形资产的处置范畴。

（1）无形资产的出售

企业出售无形资产说明放弃对其的所有权。出售无形资产时应将取得的价款与该无形资产账面价值的差额计入当期损益，会计分录如下。

借：银行存款

累计摊销

无形资产减值准备

资产处置损益（处置表现为损失）

贷：无形资产

应交税费——应交增值税（销项税额）

资产处置损益（处置表现为收益）

实账处理 出售商标权的账务处理

乙公司将自家的食品商标出售给丙公司，双方签订了一份无形资产转让合同。双方约定该商标的价值为320 000元，增值税税额19 200元，价税合计339 200元。已知该商标账面余额为280 000元，已计提摊销额15 000元，未计提减值准备。会计处理如下。

借：银行存款	339 200	
累计摊销	15 000	
贷：无形资产——商标权		280 000
应交税费——应交增值税（销项税额）		19 200
资产处置损益		55 000

在执行新准则前，无形资产的处置计入了其他业务收入和其他业务成本；而新准则后，无形资产的处置计入资产处置损益，如上述案例所示。这两种处理方式最终都是影响当期利润表中的营业利润。

（2）无形资产的报废

无形资产预期不能为企业带来未来经济利益的，应将该无形资产的账面价值予以转销，转作当期损益（如营业外支出）。会计分录如下。

借：营业外支出

累计摊销

无形资产减值准备

贷：无形资产

实账处理 **报废一项生产技术的账务处理**

经调查，乙公司一项专利技术已被市场主流生产技术所替代，乙公司将其进行报废处理。该技术账面价值5 000 000元，已计提摊销4 000 000元，计提减值准备250 000元。

甲公司账务处理如下。

借：营业外支出	750 000	
累计摊销	4 000 000	
无形资产减值准备	250 000	
贷：无形资产		5 000 000

第6章

债务的会计处理方法

负债是指企业由于过去的交易或事项形成的，预期会导致经济利益流出企业的现时义务。负债一般按照偿还速度或偿还时间的长短划分为流动负债和非流动负债两类。

6.1 有关供应商的挂账：应付账款的核算

应付账款用来核算企业因购买材料、商品或接受劳务等经营活动应支付而尚未支付的款项。

6.1.1 一般情况下的应付账款处理

应付账款是企业在生产经营过程中因采购、接受服务等活动而形成的债务，是购货方在购销活动中由于取得货物和支付货款在时间上不一致而引起的一项负债。

（1）应付账款的管理模块

应付账款这一债务的管理主要涉及4个方面，即供应商管理、发票管理、账龄分析和支票管理，具体内容如表6-1所示。

表6-1

项目	内容
供应商管理	记录每个供应商的信息和相关交易信息，如供应商名称、地址、付款方式、币种、付款条件、付款银行、信用状态和数量金额等
发票管理	向供应商收取发票，并将发票编号录入相关系统，验证发票上所列货物的详细情况，以此核对采购订单，看两者是否有差异。随后再核查采购订单的入库情况，列明供应商的所有发票及发票调整信息
账龄分析	根据有效期和当前日期计算应付账款的账龄，同时注明其余额
支票管理	以开具的支票偿付应付账款，定期验证支票，并与银行进行账目核对，查询相关银行开出支票、作废支票和打印支票等的情况

（2）应付账款涉及的实务

从应付账款的产生，到应付账款的偿还，这一过程中涉及的经济实务包括7个环节：签订采购合同→收货通知→台账→入库单→会计审核制单→付款结算→对账。关于该流程应说明的内容如下所示。

- 确定采购计划，由采购人员与供应商签订采购合同。
- 供应商根据合同准备并发送货物，货物运达后，由采购部相关人员根据合同规定的货物标准进行验收，看数量和质量是否有问题，查验无误后，经办人员制作《收货通知单》，交财务部审核签字。
- 财会人员审核《收货通知单》无误后，签字确认，并登记采购管理台账，同时将该通知单交由仓管人员办理货物入库手续。
- 仓管人员审核《收货通知单》无误后，开具《入库单》，由仓库负责人审核确认并签字，将其中一联交给采购部保管，相应联次交给财务部审核入账。
- 财会人员审核《入库单》并确认无误后，填制相应的记账凭证，同时在采购管理台账上进行相关记录。
- 出纳人员根据财会人员填制的记账凭证，按照规定程序到开户银行办理付款手续，与供应商结算货款。
- 财务部与采购部定期对账，及时处理应付而未付的账款。

提示 *应付账款和其他应付款的区别*

应付账款是因企业购买材料、商品或接受劳务等产生的债务，而其他应付款是企业在商品交易业务以外的经济事项中产生的应付或暂收款项。

应付账款与企业的经营业务直接相关，是经营业务引起的应付货款，如材料采购应付款；而其他应付款与企业的经营业务没有直接关系，如应付而未付的律师费、为职工代扣代缴的社保等。

（3）应付账款账务处理

企业购入材料、商品或接受劳务时，已验收入库或享受服务但货款尚未支付给供应商的，财会人员应根据发票上记载的经济内容填制记账凭证，按不含税价款，借记“原材料”“库存商品”等科目，按增值税额，借记“应交税费——应交增值税（进项税额）”科目，按应支付的全部价款，贷记“应付账款”科目。

实账处理 购入原材料的处理

甲公司购入一批原材料并验收入库，随原材料同行的增值税专用发票注明价款2 500元，增值税税款325元，货款未付。

借：原材料　　2 500

　　应交税费——应交增值税（进项税额）　　325

　　贷：应付账款　　2 825

6.1.2 无法支付的应付账款处理

企业经查核应付账款未支付的原因后，发现应付账款确实已经无法再支付的，应转销该应付账款，在经领导批准后，一般计入“营业外收入”科目。

实账处理 甲公司无法支付应付账款的处理

甲公司查明应付账款未付的原因后，发现确实无法支付的应付账款有3 200元，在报有关部门批准后进行如下会计处理。

借：应付账款　　3 200

　　贷：营业外收入　　3 200

“营业外收入”科目核算的是与企业经营活动无直接关系的各项利得，如处置非流动资产利得、非货币性资产交换利得、债务重组利得、政府补助利得、罚没利得以及经查核后发现确实无法支付而应转入营业外收入的一些应付、暂收款项等。

6.1.3 现金折扣下应付账款的处理

现金折扣指销货方为了鼓励购货方在规定时间内尽快付款而协议承诺给予购货方的折扣优惠。现金折扣是应付货款总额的一定百分比，一般以分数反映，如2/10说明购货方10天内付清款项可享受总价款2%的折扣；1/20说明购货方10天后20天内付清款项可享受总价款1%的折扣等。

应付账款涉及现金折扣的，按扣除现金折扣前的应付款总额入账，待在规定期限内付款而享受现金折扣时，以现金折扣金额冲减财务费用。

实账处理 甲公司购入一批附有现金折扣的商品

甲公司已从丙公司购进一批商品，价款1 000 000元，增值税为130 000元，按双方协议规定，甲公司在15天内付清货款，可获得1%的现金折扣（考虑增值税）。

借：库存商品　　1 000 000

　　应交税费——应交增值税（进项税额）　　130 000

　　贷：应付账款　　1 130 000

15日之内付款，确认财务费用=1 130 000×1%=11 300（元）

借：应付账款　　1 130 000

　　贷：银行存款　　1 118 700

　　　　财务费用　　11 300

商业折扣指实际销售商品或提供劳务时，以在最初的报价基础上扣除一定比例优惠后的价格完成交易，这里的比例优惠就是商业折扣。商业折扣一般会以百分数的形式列示在销货发票上，如1%、3%等。购货方只需按照扣除商业折扣金额后的价款支付给供应商即可。

6.2 暂时收到的款项：预收账款的核算

预收账款指买卖双方协议商定，由销货方向购货方预先收取一部分货款而发生的一项负债。预收账款一般包括预收的货款、预收的购货定金等。

6.2.1 一般情况下的预收账款

对企业来说，预收账款是一项流动负债，但它不以货币抵偿，而要求企业在规定时间内以商品、劳务或服务等进行偿付。

（1）预收账款的核算内容

“预收账款”科目一般核算企业按合同规定向购货方预先收取的款项。由于企业在收到这笔款时商品或劳务的销售合同还未履行，因此不能将预收的款项确认为收入，只能确认为负债，即贷记“预收账款”科目。

当企业按合同规定交付商品或提供劳务后，将前期收到的预收账款进行转销，即借记“预收账款”和“银行存款”等科目，贷记“主营业务收入”等有关收入类科目。预收账款的期限一般不得超过一年，余额要反映在各期末的资产负债表上，该科目的T型账户结构如图6-1所示。

借方	预收账款 贷方
③销售实现时转销的预收账款	①向购货单位预收的款项 ②购货单位补付的款项
借方余额：企业尚未转销的预收款项	贷方余额：企业向购货单位预收的款项

图6-1 预收账款的账户结构

“预收账款”账户下应按购货单位设置明细账，进行明细核算。预收账款情况不多的企业，也可以将预收的款项直接记入“应收账款”的贷方。

（2）预收账款的账务处理

预收账款业务的会计处理如表6-2所示。

表6-2

业务	会计处理
收到预收账款	借：银行存款 　　贷：预收账款——××
发出货物开出发票	借：预收账款——××　　　（按实际价款全额转销） 　　贷：主营业务收入 　　　　应交税费——应交增值税（销项税额）

实账处理 甲公司预收一批货款的处理

甲公司为增值税一般纳税人，与丁公司签订了产品销售合同。8月8日，收到丁公司预付货款8 200元，13日，甲公司按合同约定向丁公司发出产品，开出的增值税专用发票注明价款12 500元，增值税税额1 625元，相关会计处理如下。

①8月8日收到丁公司预付的货款。

借：银行存款　　8 200

　　贷：预收账款——丁公司　　8 200

②8月13日向丁公司发出商品。

借：预收账款——丁公司　　14 125

　　贷：主营业务收入　　12 500

　　　　应交税费——应交增值税（销项税额）　　1 625

③后期收到丁公司补付的货款=14 125-8 200=5 925（元）。

借：银行存款　　5 925

　　贷：预收账款——丁公司　　5 925

6.2.2 不单设预收账款科目的处理

如果企业业务量较少，可不单独设置“预收账款”科目，预收的款项通过“应收账款”科目核算。即收到预收款项时，贷记“应收账款”科目，表示因销售业务而应收的款项减少。

实账处理 乙公司收到一批货物预付款的处理

乙公司规模较小，业务量不大。某日收到客户预先支付的货款5 100元时，会计人员直接将其计入“应收账款”科目的贷方。

该会计分录如下。

借：银行存款　　5 100

　　贷：应收账款——××公司　　5 100

6.3 劳动者的报酬：应付职工薪酬的核算

应付职工薪酬指企业为了获得职工提供的服务而向职工支付的各种形式的报酬和福利。职工薪酬包括职工工资、奖金、津贴和补贴，职工福利费，社会保险费，住房公积金以及其他非货币性福利等，这些都是“应付职工薪酬”科目应核算的内容。

6.3.1 应付职工薪酬的核算

“应付职工薪酬”科目属于企业会计科目中的负债类科目，本科目应按照“工资、奖金、津贴、补贴”“职工福利费”“社会保险费”“住房公积金”“工会经费”“职工教育经费”和“非货币性福利”等应付职工薪酬项目，设置相应的明细科目，进行明细核算。

（1）职工薪酬的账户设置

职工薪酬的账户设置如表6-3所示。

表6-3

科目	核算内容
应付职工薪酬	是一级科目，用于核算企业应支付给职工的工资、奖金、津贴、补贴和其他职工薪酬项目。借方登记实际支付的数额，贷方登记发生数额，余额一般在贷方，表示应付未付的薪酬
社会保险费和住房公积金	是明细科目，用于核算企业为职工缴纳的社会保险费（基本养老保险费、基本医疗保险费、失业保险费、工伤保险费和生育保险费）和住房公积金。借方登记实际支付数额，贷方登记发生数额
职工福利费	是明细科目，用于核算企业为职工支付的各项福利费，如取暖费、高温补贴费等。借方登记实际支付数额，贷方登记发生数额

续上表

科目	核算内容
工会经费和职工教育经费	是明细科目，用于核算企业为提升员工工作技能或知识储备而支付的各种费用，如培训费
非货币性福利	是明细科目，用于核算企业向员工支付的一些非货币性福利，如以自产产品作为福利给员工、购物卡等

（2）职工薪酬的账务处理

职工薪酬一般按照职工岗位的性质进行归集和分配，生产车间的工人工资计入“生产成本”科目，车间管理人员的工资计入“制造费用”科目，管理人员和财务人员的工资计入“管理费用”科目，销售人员的工资计入“销售费用”科目，进行基本建设工程的工人工资计入“在建工程”科目，研发无形资产的人员工资计入“无形资产”科目等，所有这些经济事项的贷方登记“应付职工薪酬”科目。

另外，企业为职工缴纳的“五险一金”也按职工岗位性质进行归集分配，对应计入“生产成本”“制造费用”“管理费用”“销售费用”“在建工程”和“无形资产”等科目中，同时贷记“应付职工薪酬——社会保险费/住房公积金”科目。实际缴纳时，企业缴纳的部分借记“应付职工薪酬——社会保险费/住房公积金”科目，代扣代缴部分借记“其他应付款——社会保险费/住房公积金”科目，贷记“银行存款”科目。

实账处理 **8月份甲公司发放工资的处理**

2019年9月初，甲公司的人力资源部统计出全部员工8月份的工资情况，生产车间工人工资共100 000元，车间管理人员工资共30 000元，其他管理人员和财务人员的工资共96 000元，当月还发生产品研发人员工资共50 000元。这些应付职工薪酬的账务处理如下。

借：生产成本　　　　　　　　　　　100 000
　　制造费用　　　　　　　　　　　　30 000
　　管理费用　　　　　　　　　　　　96 000
　　无形资产——非专利技术　　　　　50 000
　　贷：应付职工薪酬　　　　　　　　　　276 000

甲公司规定，按照员工工资的10%缴存住房公积金，则生产车间工人住房公积金为10 000元，车间管理人员住房公积金3 000元，其他管理人员和财会人员住房公积金9 600元，产品研发人员住房公积金5 000元，共计27 600元。

①计提企业应缴纳住房公积金的部分。

借：生产成本　　　　　　　　　　　10 000
　　制造费用　　　　　　　　　　　　3 000
　　管理费用　　　　　　　　　　　　9 600
　　无形资产——非专利技术　　　　　5 000
　　贷：应付职工薪酬——住房公积金　　　27 600

②缴存时，代扣应由职工承担的10%一并处理如下。

借：应付职工薪酬——住房公积金　　27 600
　　其他应收款——代扣住房公积金　27 600
　　贷：银行存款　　　　　　　　　　　55 200

6.3.2 非货币性职工福利的核算

非货币性职工福利指企业以非货币性资产形式支付给职工的薪酬，如企业将自产产品发给职工作为福利，或者将自身拥有的资产无偿提供给职工使用以及无偿提供给职工的医疗保健服务等。企业应在“应付职工薪酬”科目下设置“非货币性福利”明细科目，进行明细核算，反映非货币性福利的分配和支付情况。需要注意的是，非货币性福利也要考虑增值税。

实账处理 甲公司发放自产A产品作为福利的处理

甲公司为增值税一般纳税人，2019年9月30日将公司生产的A产品作为福利发放给管理部门的职工，市场销售价格为1 000 000元，实际成本为800 000元，增值税税率13%。

①公司决定发放A产品给职工时，计提应付职工薪酬，同时，该行为视同销售，要确认收入。

借：管理费用　　1 130 000

　　贷：应付职工薪酬——非货币性福利　　1 130 000

借：应付职工薪酬——非货币性福利　　1 130 000

　　贷：主营业务收入　　1 000 000

　　　　应交税费——应交增值税（销项税额）　　130 000

②将A产品发给管理人员的同时结转产品的成本。

借：主营业务成本　　800 000

　　贷：库存商品　　800 000

6.4 上交国家的款项：应交税费的核算

税收是国家为了满足社会公共需要，强制并无偿地参与社会产品分配的一种规范形式，其依据是社会职能和相关法律法规。税费是国家机关向有关当事人提供某些特定服务而按规定收取的相应费用。

6.4.1 增值税的税务处理

增值税是指对纳税人就生产经营活动中的商品或应税劳务在流转过程中产生的增值额征收的一种流转税，该税实行价外税，税负由消费者承担。也就是说，该税以增值额作为计税依据，有增值才征税，没有增值就不征税。

（1）一般纳税人计税方法

为了核算企业应交增值税的发生、抵扣、缴纳、退税及进项税额转出等情况，纳税人应在“应交税费”科目下设置“应交增值税”“未交增值税”“预交增值税”“待抵扣进项税额”和“待认证进项税额”等明细科目。一般纳税人的增值税应纳税额计算公式如下。

增值税应纳税额=当期销项税额－当期进项税额

当期销项税额=当期销售额×适用税率

实账处理 戊公司8月份增值税缴纳处理

戊公司为增值税一般纳税企业，适用的增值税税率为13%，8月份购进原材料，收到增值税专用发票累计价款540 000元，增值税额为70 200元，货款已经支付，材料已经到达并验收入库。销售产品收入累计为680 000元，增值税额为88 400元。产品已发出，款项已收妥存入银行，用银行存款交纳8月份增值税21 600元，会计分录如下所示。

①购进原材料时。

借：原材料	540 000	
应交税费——应交增值税（进项税额）	70 200	
贷：银行存款		610 200

②销售产品时。

借：银行存款　　768 400

　　贷：主营业务收入　　680 000

　　　　应交税费——应交增值税（销项税额）　　88 400

③月末，将本月应交未交增值税转入未交增值税明细科目。

8月份应交未交增值税=88 400−70 200=18 200（元）

借：应交税费——应交增值税（转出未交增值税）　　18 200

　　贷：应交税费——未交增值税　　18 200

④下月（9月份）上交8月应交未交的增值税时。

借：应交税费——未交增值税　　18 200

　　贷：银行存款　　18 200

一般纳税人因销售货物发生退回或给予折让而退还给购买方的增值税税额，应从发生退回或给予折让的当期增值税销项税额中扣减。相应地，因购进货物发生退还或获得折让而收回的增值税进项税额，应从发生退还或接受折让的当期增值税进项税额中扣减，即可抵扣的进项税额减少。

一般纳税人销售货物或应税劳务，开具增值税专用发票后，发生销售货物退回或者折让、开票有误等情形时，应按国家税务总局的规定开具红字增值税专用发票。未按规定开具红字增值税专用发票的，增值税税额不得从销项税额中扣减。

（2）小规模纳税人计税方法

小规模纳税人销售货物或应税劳务，其增值税应纳税额的计算公式要根据销售额与应纳税额是否合并定价来确定，具体如下。

应纳税额=不含税销售额×适用征收率

不含税销售额＝含税销售额÷（1＋征收率）

小规模纳税人企业无论是否取得增值税专用发票，支付的增值税额均不计入进项税额，更不得从销项税额中抵扣，而是直接计入购进货物的成本。

6.4.2 企业所得税的税务处理

企业所得税是对我国内资企业和经营单位的生产经营所得和其他所得征收的一种税。该税种的纳税人是所有实行独立经济核算的中华人民共和国境内的内资企业或其他组织，包括国有企业、集体企业、私营企业、联营企业、股份制企业、有生产经营所得和其他所得的其他组织。

◆ 企业所得税的征税对象

企业所得税的征税对象是纳税人取得的所得，包括销售货物所得、提供劳务所得、转让财产所得、股息红利所得、利息所得、租金所得、特许权使用费所得、接受捐赠所得和其他所得等。

◆ 企业所得税的处理

按照税法规定，企业所得税应按年计算，分月或分季预缴。每月终了，企业应将成本费用和税金及附加等科目的余额转入“本年利润”科目的借方，将收入类科目的余额转入“本年利润”科目的贷方。然后计算“本年利润”科目的本期借贷方发生额之差，贷方余额则为企业本月实现的利润总额，即税前会计利润，借方余额则为企业本月发生的亏损总额。

由于税前会计利润与应纳税所得额之间存在永久性差异或时间性差异，会计上可以采用“应付税款法”或“纳税影响会计法”对这些差异进行核算，但一般使用的是“应付税款法”。

应付税款法指将本期税前会计利润与应纳税所得额之间的差异造成的影响纳税的金额直接计入当期损益，不能递延到以后各期。在应付税款法下，计入当期损益的所得税费用等于当期应缴纳的所得税，即企业按照税法规定调整税前会计利润，得出应纳税所得额（即纳税所得），再按税法规定的税率算出当期应缴纳的所得税，计入当期损益（即所得税费用）。

6.4.3 个人所得税的税务处理

个人所得税是自然人根据法律规定从工资中拿出一部分上缴给政府的税费。在不同地区、不同时期，个人应纳税收入的标准和个人所得税的征收标准都会不同。目前，个人所得税的计算公式如下所示。

应纳税所得额=工资收入总额-专项扣除（即五险一金）-专项附加扣除-免征额（5 000元）-依法确定的其他扣除

个人所得税应纳税额=应纳税所得额×适用税率-速算扣除数

（1）实行查账征收的投资者的纳税处理

个人独资企业的投资者和合伙企业的每一个合伙人都应按照个体工商户的生产、经营所得，适用5%～35%的超额累进税率，计算缴纳个人所得税，计算公式如下。

个人所得税应纳税额=应纳税所得额×适用税率-速算扣除数

个人独资企业和合伙企业投资者在确定应纳税所得额时有如下区别。

- 个人独资企业的投资者以全部生产经营所得为应纳税所得额，按适用税率计算应缴纳的个人所得税。
- 合伙企业的投资者按照合伙企业的全部生产经营所得和合伙协议约定的分配比例确定每一个投资者应纳税所得额（没有约定分配比例的，以全部应纳税所得额和合伙人数平均计算每个投资者的应纳税所得额），然后按个体工商户的生产、经营所得计算缴纳个人所得税。

（2）实行核定征收的投资者的纳税处理

实行核定征收方式的个人独资企业和合伙企业，在缴纳个人所得税时有如下两种情况。

◆ 定额征收

个人独资企业和合伙企业按照税务部门依法核定的应纳个人所得税税额按期缴纳，即该征收方式为直接规定的应纳税额。

◆ 核定应税所得率征收

该征收方式规定应纳税所得额的计算比率，应纳个人所得税税额和应纳税所得额的计算公式如下。

个人所得税应纳税额＝应纳税所得额×适用税率

应纳税所得额＝收入总额×应税所得率

另外，核定应税所得率征收还有一种计算公式。

应纳税所得额＝成本费用支出额÷（1-应税所得率）×应税所得率

6.5 暂缓偿还的款项：长期借款的核算

长期借款是指企业从银行或其他金融机构借入的期限在一年以上（不含一年）的借款，如从各商业银行、财务公司和投资公司等金融企业借入的款项。在核算长期借款时要注意，离偿还期不足一年的长期借款，应记入资产负债表的“一年内到期的非流动负债”中。

企业向银行或其他非金融机构申请借入长期借款时，主要程序都包括5个环节：提出申请，等待审批→审批贷款→签订借款合同→使用借款→归还借款。

企业借入长期借款时，应按实际收到的金额，借记“银行存款”科目，贷记“长期借款”科目，按发生的交易费用，借记“长期借款——利息调整”科目。在资产负债表日，应按摊余成本和实际利率计算确定长期借款的利息费用，借记“在建工程”“制造费用”“财务费用”和“研发支出”等科目，按合同约定的名义利率计算应付利息的金额，贷记“长期借款——应计利息”科目或“应付利息”科目，按差额，贷记“长期借款——利息调整”科目。

实账处理 甲公司向银行借入长期借款的处理

2019年11月30日甲公司因扩建生产流水线的需要，向银行借入1 000 000元，借款期为2年，利率10%。

①取得长期借款时做如下会计分录。

借：银行存款　　1 000 000

　　贷：长期借款　　1 000 000

②2019年12月31日，应计提利息=（1 000 000×10%）÷12=8 333.33（元)。

借：财务费用　　8 333.33

　　贷：应付利息　　8 333.33

③两年内，每月应作如上的利息计提处理，到了2021年11月30日一次还本付息时作如下的会计分录。

借：财务费用　　8 333.33

　　长期借款　　1 000 000

　　应付利息　　191 666.67

　　贷：银行存款　　1 200 000

第7章

生产销售中的收支业务

企业只要运行，就会有资金的流入和流出，也就是生产、销售环节以及日常经营活动中的收支，从而在会计上产生了收入和支出。收入和支出在不同情况下有不同的处理方法。

7.1 经济利益的流入：收入的核算

这里的收入为营业收入，按企业从事日常活动的性质不同，分为销售商品收入、提供劳务收入和让渡资产使用权收入；按企业经营业务的主次不同，分为主营业务收入和其他业务收入。

7.1.1 对收入的理解

收入指企业在日常活动中形成的、会导致所有者权益增加的、与所有者投入资本无关的经济利益的总流入。在实际工作中所称的“营业额”与收入的概念不同，营业额包括了收入和增值税销项税额。

（1）收入的特征

个人或企业在销售商品、提供劳务及转让资产使用权等日常活动中收到的款项称为收入。收入具有如下5个特征。

- 收入一般是在企业为完成经营目标而从事的经常性活动中形成的，或是在与经常性活动相关的活动中形成的。
- 收入的实现可能会引起所有者权益的增加，一般表现为资产的增加或负债的减少，或资产增加数大于负债减少数。从另一方面来说，不能导致所有者权益增加的经济利益的流入，不符合收入的定义，也就不能确认为收入。
- 收入只包括本企业经济利益的流入，不包括为第三方或客户代收的一些款项。
- 收入是与所有者投入资本无关的经济利益的总流入。收入的多少，与所有者投入资本的多少无关。

◆ 收入是经过个体经营、劳动、投资等所得到的收益。

（2）收入的分类

从经营业务的主次来看，主营业务收入是企业为了完成经营目标在日常活动中形成的；其他业务收入来自主营业务以外的其他日常活动，如生产性企业销售材料、出租包装物或固定资产等。

◆ 主营业务收入

主营业务收入指企业经常性的、主要业务所产生的收入，如销售产品或半成品的收入、提供劳务的收入以及旅游服务业的门票收入和餐饮收入等。

“主营业务收入”科目用于核算企业在销售商品、提供劳务及让渡资产使用权等日常经营活动中产生的收入。取得收入时，贷记“主营业务收入”科目；月末要将该科目贷方余额从借方转入“本年利润”科目的贷方。因此，该科目月末没有余额。在“主营业务收入”科目下，应按主营业务的种类设置明细科目，进行明细核算。该账户的结构如图7-1所示。

借方　　　　主营业务收入　　　　贷方

借方	贷方
③本期发生的一般销售退回 ④本期发生的销售折让 ⑤期末转入本年利润的主营业务收入	①符合收入确认条件的本期实现的主营业务收入 ②分期收款销售方式下，每期销售实现时确认的销售收入

图7-1 主营业务收入的账户结构

◆ 其他业务收入

其他业务收入指企业主营业务收入以外的其他日常活动中形成的经济利益的流入，如销售材料物资及包装物、转让无形资产、出租固定资产出租或包装物、运输服务以及废旧物资出售等取得的收入。

“其他业务收入”科目指用于核算企业除主营业务收入以外的其他销

售或其他业务的收入。取得收入时，贷记“其他业务收入”科目；月末要将该科目贷方余额从借方转入“本年利润”科目的贷方。因此，该科目月末没有余额。在“其他业务收入”科目下，可按其他业务的种类，如“材料销售”“代购代销”和“包装物出租”等设置明细科目，进行明细核算。该账户的结构如图7-2所示。

借方	其他业务收入　　贷方
②期末结转本年利润的其他业务收入	①确认材料销售等实现的其他业务收入

图7-2 其他业务收入的账户结构

7.1.2 收入的确认和计量

销售商品收到的款项需要具备一定的条件才能将其确认为收入，具体需满足如下条件。

- 企业已将商品所有权上的主要风险和报酬转移给购货方。
- 企业既没有保留通常与所有权相联系的继续管理权，也没有对已售出的商品实施控制权。
- 与交易相关的经济利益很可能流入企业。
- 相关的收入和成本能够可靠地计量。

上述第3条中需要说明的是：与交易相关的经济利益主要表现为销售商品的价款；实务中，企业售出的商品符合合同或协议规定的要求，并已将发票账单交付买方，买方也承诺付款，就表明销售商品的价款能够收回，经济利益很可能流入企业。若企业判断价款不能收回，应提供可靠证据。

上述第4条中需要注意的是：如果成本不能可靠计量，即使其他条件均满足，相关的收入也不能得到确认，收入是否可靠地计量是确认收入的基本前提。

实务中，不同的销售情形适用于不同的销售方式，而在不同的销售方式下，相关收入的确认和计量方式也会有不同，具体如表7-1所示。

表7-1

销售方式	会计处理方法
采用托收承付销售	在办妥托收承付手续时确认收入，按照已收或应收合同或协议价款的公允价值来确定销售商品的收入金额
采用交款提货销售	在开出发票账单并收到货款时确认销售商品的收入金额
含商业折扣的销售	商业折扣不构成最终成交价格的一部分，因此企业销售商品涉及商业折扣的，应按照扣除商业折扣后的金额确定销售商品的收入金额
含现金折扣的销售	现金折扣要构成最终成交价格的一部分，因此销售商品涉及现金折扣的，应按照扣除现金折扣前的金额确定销售商品的收入金额，而现金折扣应在实际发生时计入当期财务费用
含销售折让的销售	①销售折让若是发生在确认销售收入之前，则应直接按扣除销售折让后的金额确认销售收入；②若销售折让发生在确认销售收入之后，且不属于资产负债表日后事项，确认销售收入时直接按扣除销售折让前的金额确认，在发生销售折让时冲减当期销售商品的收入金额
发生销售退回的销售	①尚未确认销售收入的售出商品发生销售退回的，应冲减“发出商品”科目，同时增加“库存商品”科目，然后根据最终实际售出的商品确认销售收入的金额；②已确认销售商品收入的售出商品发生销售退回的，除属于资产负债表日后事项外，一般应在发生时冲减当期销售商品收入，同时冲减当期销售商品成本。如按规定允许扣减增值税税额的，应同时冲减已确定的应交增值税销项税额。如该项销售退回已发生现金折扣，应同时调整相关财务费用的金额
采用支付手续费方式委托代销商品	①委托方在发出商品时通常不应确认销售商品收入，而应在收到受托方开出的代销清单时确认商品的销售收入，同时将应支付的代销手续费计入“销售费用”科目；②受托方应在代销商品销售后，按合同或协议约定的方式计算确定代销手续费，确认劳务收入；而代销商品时，以“受托代销商品”科目进行过渡核算

续上表

销售方式	会计处理方法
分期收款方式销售	企业应按照合同或协议约定的收款日期，分期确认销售收入的金额

7.1.3 不同类型销售的核算与确认

通过上一节的学习，我们了解了不同类型的销售方式关于销售收入的确认问题。本小节将具体介绍各种销售方式下的账务处理。

（1）分期收款销售的处理

分期收款销售，指商品已经交付但货款要分期收回的一种销售方式。该销售方式的特点是：销售商品的价值较大，收款期较长，收回货款的风险也较大。分期收款销售方式下，企业应按合同或协议约定的收款日期，分期确认销售收入。采用这种销售方式的企业，应设置“分期收款发出商品”科目，核算已经发出但尚未结清货款的商品的成本。

实账处理 丙公司销售一台A机器，分期收款

丙公司2019年8月1日向某企业销售一台A机器，双方签订购销合同，约定售价680 000元，且约定销售方式为分期收款，平均分4年收回销售货款，每年8月1日确认相关收入，并结转相应的成本。已知该机器适用增值税税率13%，实际成本为470 000元。

①发出A机器时收到第一期货款。

每年应确认的收入=680 000÷4=170 000（元）

借：分期收款发出商品	470 000	
贷：库存商品		470 000

借：应收账款（或银行存款）　　192 100

　　贷：主营业务收入　　170 000

　　　　应交税费——应交增值税（销项税额）　　22 100

同时结转商品成本=470 000÷4=117 500（元）。

借：主营业务成本　　117 500

　　贷：分期收款发出商品　　117 500

②以后的3年，即2020年8月1日、2021年8月1日和2022年8月1日都要编制上述第2个和第3个会计分录。

（2）销售折让的处理

销售折让是指企业因售出商品的质量不符合要求等原因在售价上给予购买方一定程度的减让。企业将商品销售给购买方后，若购买方发现商品在质量、规格等方面不符合要求，可能要求卖方在价格上给予一定的减让。

实账处理　甲公司销售一批商品，发生销售折让的处理

2019年9月18日，甲公司销售了一批商品给某客户，当时开出了增值税专用发票，注明价款54 000元，增值税税率13%，税额为7 020元。然而当客户收到该批商品后经验收时发现质量与双方签订的合同约定不一致，于是要求甲公司给予总价款4%的折让。甲公司查明情况属实后，同意给予折让。已知该批商品成本39 000元，会计分录如下。

①9月18日销售时确认收入。

借：应收账款　　61 020

　　贷：主营业务收入　　54 000

　　　　应交税费——应交增值税（销项税额）　　7 020

借：主营业务成本　　39 000

　　贷：库存商品　　39 000

②发生销售折让，折让金额=54 000×4%=2 160（元），应冲减的增值税销项税额=2 160×13%=280.8（元）

借：主营业务收入　　2 160

　　应交税费——应交增值税（销项税额）　　280.8

　　贷：应收账款　　2 440.8

③实际收款时，金额=61 020-2 440.8=58 579.2（元）。

借：银行存款　　58 579.2

　　贷：应收账款　　58 579.2

（3）含有商业折扣销售的处理

含有商业折扣的销售业务，确认的收入金额应是商业报价扣除商业折扣后的实际成交价格。因此商业折扣对后期的会计核算不产生任何影响。

实账处理　甲公司以一定的商业折扣向丙公司销售商品

丙公司是甲公司的老客户，近期又购买了一批商品，价款共计220 000元，增值税税率13%，甲公司给予了8%的商业折扣。

该批商品的实际售价=220 000×（1-8%）=202 400（元）

增值税税额=202 400×13%=26 312（元）

借：应收账款　　246 312

　　贷：主营业务收入　　220 000

　　　　应交税费——应交增值税（销项税额）　　26 312

（4）销售退回的处理

销售退回指顾客向卖方购买商品后又退回商品的行为，很多企业允许顾客在商品存在问题时退货，并且会承诺全额退还货款。

实账处理 甲公司销售B商品一批，但被退回

甲公司2019年8月3日销售B商品一批，增值税专用发票上注明价款300 000元，增值税税额39 000元，该批商品成本182 000元。于8月20日收到货款，2019年10月10日，发现该商品出现严重的质量问题，购货方将该批商品全部退回给甲公司。甲公司同意退货，于退货当日支付了退货款，并按规定向购货方开具了增值税专用发票（红字）。

①8月3日销售实现时。

借：应收账款　　339 000

　　贷：主营业务收入　　300 000

　　　　应交税费——应交增值税（销项税额）　　39 000

借：主营业务成本　　182 000

　　贷：库存商品　　182 000

②8月20日收到货款。

借：银行存款　　339 000

　　贷：应收账款　　339 000

③10月10日销售退回时。

借：主营业务收入　　300 000

　　应交税费——应交增值税（销项税额）　　39 000

　　贷：银行存款　　339 000

借：库存商品　　182 000

　　贷：主营业务成本　　182 000

（5）托收承付或委托收款销售处理

托收承付指根据购销合同的约定，由收款人发货后委托银行向异地付款人收取款项，由付款人向开户银行承认付款的结算方式。而委托收款指收款人委托银行向付款人收取款项的结算方式。两者有明显的区别。

实账处理　甲公司销售给丁公司A商品500件

甲公司于9月15日根据合同售给丁公司A商品500件，增值税专用发票列明商品价款为44 247.79元、增值税额为5 752.21元，共50 000元，商品已经发出，甲公司以银行存款代垫运费2 000元，增值税税额180元（发票已经转交）。货款及代垫运费已向银行办妥托收手续，取得托收承付结算凭证回单。

①确认收入的会计分录如下。

借：应收账款——丁公司　　52 180

　　贷：主营业务收入　　44 247.79

　　　　应交税费——应交增值税（销项税额）　　5 932.21

　　　　银行存款　　2 000

②当公司收到银行转来的丁公司承付货款及代垫运费共计52 180元的收账通知时，应编制如下会计分录。

借：银行存款　　52 180

　　贷：应收账款——丁公司　　52 180

（6）交款提货销售的处理

交款提货方式可理解为“一手交钱，一手交货”的销售方式，该方式下一般不会涉及应收款项，但可能涉及商业汇票的账务处理。

实账处理 甲公司以交款提货销售一批商品

1.甲公司于9月15日售给丙公司A商品600件，增值税专用发票列明商品价款53 097.35元、增值税额6 902.65元，共计60 000元，商品已经发出，同时收到丙公司的转账支票并办妥进账手续。甲公司的账务处理如下。

借：银行存款　　60 000

　　贷：主营业务收入　　53 097.35

　　　　应交税费——应交增值税（销项税额）　　6 902.65

2.若此例中甲公司收到的是丙公司开出并承兑的商业汇票，则甲公司应编制如下会计分录。

借：应收票据　　60 000

　　贷：主营业务收入　　53 097.35

　　　　应交税费——应交增值税（销项税额）　　6 902.65

（7）视同买断的代销方式处理

视同买断方式的代销指由委托方和受托方签订协议，委托方按协议价收取代销的商品货款，但实际售价可由受托方自定，实际售价与协议价之间的差额归受托方所有的销售方式。在该销售方式下，受托方在取得代销商品后，无论是否能卖出，是否能获利，均与委托方无关。

受托方将商品销售后，应按实际售价确认销售收入，并向委托方开具代销清单。委托方收到代销清单后，按协议约定价确认本企业的销售收入。

实账处理 甲公司委托乙公司销售A商品150件

甲公司委托乙公司销售一批A商品，共150件。双方签订了代销协议，约定价为210元/件，乙公司可自行定价，但最终商品是否能卖完，甲公司不负责，也不接受收回剩余商品。一个月后，甲公司收到乙公司开出的代销清单和增值税专用发票，价款按合同约定的注明。已知该批商品成本为120元/件。

①甲公司将A商品交付乙公司时按成本核算。

借：委托代销商品　　　　　　　　　　18 000

　　贷：库存商品　　　　　　　　　　　　18 000

②甲公司收到代销清单和增值税专用发票时确认收入。

借：应收账款——乙公司　　　　　　　35 595

　　贷：主营业务收入　　　　　　　　　　31 500

　　　　应交税费——应交增值税（销项税额）　4 095

借：主营业务成本　　　　　　　　　　18 000

　　贷：委托代销商品　　　　　　　　　　18 000

③收到乙公司汇来的货款35 595元时。

借：银行存款　　　　　　　　　　　　35 595

　　贷：应收账款——乙企业　　　　　　　35 595

（8）收取手续费的代销方式处理

收取手续费方式的代销是受托方根据所代销的商品数量或总价款向委托方收取手续费的销售方式。对于受托方，收取的手续费实际上是一种劳务收入。在收取手续费代销方式下，委托方应在受托方将商品售出并收到托方开具代销清单时，确认收入，而受托方在商品销售后，按应收取的手续费确认收入。

实账处理 **丙公司以收取手续费方式受托代销B商品200件**

丙公司接受甲公司的委托，代销一批B商品，共200件，每件成本90元。双方签订了委托代销合同，要求丙公司必须以每件160元的价格出售，而甲公司将以售价（不考虑增值税）的10%向丙公司支付手续费。当丙公司售完所有B商品后，向甲公司递交代销清单，并开具了一张增值税专用发票，注明总价款32 000元，增值税额4 160元，而甲公司则向丙公司开出了一张一模一样的发票和一张注明手续费3 200元，增值税税额192元的增值税专用发票。

①丙公司收到甲公司交付的B商品时确认受托代销商品款。

借：受托代销商品　　　　32 000

　　贷：受托代销商品款　　　　32 000

②丙公司对外销售B商品时不确认收入。

借：银行存款　　　　36 160

　　贷：受托代销商品　　　　32 000

　　　　应交税费——应交增值税（销项税额）　　4 160

③向甲公司提交代销清单并收到相关增值税发票，同时交付相关货款，收取手续费。

借：受托代销商品款　　　　32 000

　　应交税费——应交增值税（进项税额）　　4 160

　　贷：应付账款——甲公司　　　　36 160

借：应付账款——甲公司　　　　36 160

　　贷：银行存款　　　　32 768

其他业务收入　3 200

应交税费——应交增值税（销项税额）　192

（9）销售存货的处理

企业销售材料、物资等存货取得的收入要通过“其他业务收入”科目核算，与主营业务收入相比，该类收入在企业总的营业收入中的比重较小。

企业销售原材料、出租包装物时，按售价和增值税税额的总额，借记“银行存款”“应收账款”或“库存现金”等科目，按实现的营业收入，贷记“其他业务收入”科目，按增值税专用发票上注明的税额，贷记“应交税费——应交增值税（销项税额）”科目。其中销售原材料并确认收入时还要结转原材料成本，借记“其他业务成本”科目，贷记“原材料”科目，而出租包装物时对逾期未退还包装物而没收的押金，按扣除应交增值税后的差额，借记“其他应付款”科目，贷记“其他业务收入”科目。

实账处理　乙公司售出材料、包装物等的处理

1.乙公司改变了主营产品，所以原来购买的原材料没有了用处，于是将剩余的出售给丙公司，并开具增值税专用发票，注明价款8 000元，税额1 040元，同时以银行存款代垫运费500元，税额45元。材料已经发出，同时收到丙公司开具的商业汇票。乙公司应编制的会计分录如下。

借：应收票据——丙公司　9 585

　贷：银行存款　500

　　其他业务收入——材料销售　8 000

　　应交税费——应交增值税（销项税额）　1 085

2.乙公司将一批包装物租给了丁公司，租金500元，增值税税额65元，同时收取押金5 000元（含税）。已知租金尚未收取，而包装物已到期，丁公司无法退回该批包装物，相关计算如下。

逾期需扣留的押金（含税）=5 000−500−65=4 435（元）

逾期需扣留的押金（不含税）=4 435÷（1+13%）=3 924.78（元），应缴纳增值税销项税额=3 924.78×13%=510.22（元）

借：其他应付款——存入保证金——丁公司　　5 000

　　贷：其他应收款——丁公司　　565

　　　　其他业务收入　　3 924.78

　　　　应交税费——应交增值税（销项税额）　　510.22

7.2 平日的花销：费用的核算

费用是企业在日常活动中发生的，会导致所有者权益减少的，与向所有者分配利润无关的经济利益的总流出。它导致所有者权益减少主要体现为资产的减少或损耗，或者负债的增加，亦或者是资产的减少高于负债的增加。但诸如企业所有者抽回投资或向所有者分配利润而使所有者权益减少的情况，不属于与费用相关的经济活动。

7.2.1 费用的确认和分类

费用是企业生产经营过程中发生的各项耗费，但哪些耗费才能确认为费用呢？费用具体又有哪些种类呢？

（1）费用的确认

费用的确认要符合其定义，同时还要满足如下所示的3个严格条件。

◆ 与费用相关的经济利益有可能会流出企业。

◆ 经济利益流出企业的结果会导致资产的减少或负债的增加。

◆ 经济利益的流出额能够可靠地计量。

实务中，财会人员要清楚划分生产费用与非生产费用的界限。生产费用指与企业日常生产经营活动有关的费用，如生产产品所发生的原材料费用、人工费用等；非生产费用是指不属于生产费用的费用，如用于购建固定资产所发生的费用。

另外，财会人员还要分清生产费用与产品成本之间的界限。生产费用与一定的期间相联系，它不能明确地归集到某产品的成本中去；产品成本与一定品种和数量的产品相联系，且不精确地归集到哪一期间。

还有就是要明确生产费用与期间费用的区别。生产费用一般会计入产品的成本，而期间费用一般直接计入当期损益。

（2）费用的分类

我国《企业会计准则》中对费用的定义指与商品的销售或劳务的提供相联系的耗费，这是一种狭义的概念，而广义的费用包括各种费用和损失。根据不同的分类依据，可将企业的费用分成不同的类型。

◆ 按经济内容分类

费用按经济内容可分为以下几种：材料费；燃料、动力费；工资及职工福利费；固定资产折旧费；利息支出；税费以及除前述费用外的其他费用。按照上列费用要素反映的费用就称为要素费用。

按照经济内容进行分类时，各种费用可反映企业在一定时期内发生了哪些生产费用以及对应的金额是多少，以便于分析企业各个会计期间的各种费用占总费用的比重，进而分析企业各个会计期间内各种费用的支出情况，有利于考核费用计划的执行情况。

◆ 按用途分类

费用按照用途分类，可以分为生产成本和期间费用，如表7-2所示。

表7-2

类别	内容
生产成本	指企业为生产一定种类和数量的产品所发生的费用，即产品对应的直接材料、直接人工和制造费用的总和
期间费用	指不能准确计入某一类或某一种产品的、发生时直接计入当期损益的费用，包括管理费用、财务费用和销售费用

其中，所谓的制造费用，指企业在一定会计期间发生的，与生产产品有关的，但不能直接归属于某个特定产品的生产成本的费用。

按照用途进行分类时，各种费用能明确反映企业直接用于产品生产的材料费、人工费以及组织和管理生产经营活动所耗用的各项支出具体有多少，从而有利于企业实时掌控费用计划、定额消耗和预算等的执行情况，控制成本开支，加强成本费用管理。

提示 *支出、费用和成本的区别与联系*

支出是对单位所有开支和耗费的总称，一般可分为资本性支出、收益性支出、营业外支出和利润分配性支出这4类，其范围大于成本和费用，支出中凡是与取得营业收入有关的，都要表现或转化为费用，因此，发生的支出不一定确认为费用。

而费用的范围又大于成本。一般来说，成本仅指生产产品所付出的代价，包括直接材料、直接人工和制造费用，这些是计入成本的费用。也就是说，发生的费用不一定都是成本。

由此可见，支出是开支和耗费，目的是进行正常的经营活动；费用是资产的耗费，目的是取得营业收入，获得更多新的资产；成本是对象化了的费用，目的是构成产品、资产或项目的价值的一部分。

7.2.2 费用的核算

上节内容讲述了费用的确认以及分类，而费用的核算是建立在对上一节内容理解的基础之上的，包括成本费用的核算和期间费用的核算。

（1）主营业务成本的核算

主营业务成本指企业生产和销售与主营业务有关的产品或服务所必须投入的直接成本，可简单理解为产品实际成本，主要包括原材料、人工成本、制造费用和固定资产折旧等。

“主营业务成本”科目用于核算企业因销售商品、提供劳务或让渡资产使用权等日常活动而发生的实际成本。成本发生时，借记“主营业务成本”科目，贷记“库存商品”科目。期末时要将本科目的借方余额从其贷方转入“本年利润”科目的借方，结转后本科目无期末余额。“主营业务成本”科目下应按照主营业务的种类设置明细科目，进行明细核算。该账户结构如图7-3所示。

借方	主营业务成本 贷方
①已经销售的产品、提供的劳务对应的实际成本	②退回产品对应的实际成本 ③期末结转的已销产品（或劳务）的实际成本

图7-3 主营业务成本的账户结构

实账处理 甲公司计算A商品、B商品的成本

2019年7月20日，甲公司计算已销售的A商品和B商品的实际成本分别是10 000元、13 000元。

两种商品的实际总成本=10 000+13 000=23 000（元），公司公司发生主营业务成本和月末结转成本时，应编制如下的会计分录。

借：主营业务成本　　　　23 000

　　贷：库存商品——A商品　　　　10 000

　　　　库存商品——B商品　　　　13 000

借：本年利润　　　　23 000

　　贷：主营业务成本　　　　23 000

（2）其他业务成本的核算

其他业务成本是指企业转让无形资产使用权、出租无形资产或固定资产以及出售材料等时无形资产使用权、无形资产或固定资产以及材料的实际成本。成本发生时，借记“其他业务成本”科目，贷记“原材料”“周转材料”“累计折旧”“累计摊销”“应付职工薪酬”和“银行存款”等科目，期末应将本科目的借方余额从其贷方转入“本年利润”科目的借方，结转后本科目无期末余额。该账户的结构与主营业务成本的账户结构相似，只是核算的具体内容不同。

实账处理 甲公司转让某专利权使用权的处理

2019年1月1日，甲公司将本企业的某专利权的使用权转让给丙公司，双方签订转让协议，并约定转让期为3年，每年年初收取使用费120 000元。已知该项专利权每月计提摊销额为5 400元。

①2019年年初确认使用费收入，同时结转其他业务成本。

借：应收账款　　　　120 000

　　贷：其他业务收入　　　　120 000

借：其他业务成本　　　　　　　　　5 400

　　贷：累计摊销　　　　　　　　　　　5 400

以后3年内每月都要编制第2个会计分录，分期结转其他业务成本。

（3）销售费用的核算

销售费用指企业在销售产品、自制半成品和提供劳务等过程中发生的各项费用，包括由企业负担的包装费、运输费、装卸费、展览费、广告费、租赁费（融资租赁费除外）以及为销售本企业产品而专设的销售机构的职工工资、福利费、差旅费、办公费、折旧费、修理费、物料消耗和其他经费。销售费用属于期间费用，在发生时就计入当期损益。

当企业发生上述范围内的费用时，借记“销售费用”科目，贷记“库存现金”“银行存款”“应付职工薪酬”“其他应收款”或“累计折旧”等科目，期末应将该科目的借方余额从其贷方转入“本年利润”科目的借方，结转后本科目无期末余额。

实账处理　销售部王某借支差旅费

2019年8月1日，甲公司销售部王某借出差旅费1 000元，月末报销该差旅费1 000元。甲公司应编制的会计分录如下。

王某借支时。

借：其他应收款——王某　　　　1 000

　　贷：库存现金　　　　　　　　　1 000

报销时。

借：销售费用——差旅费　　1 000

　　贷：其他应收款——王某　　1 000

月末结转时。

借：本年利润　　1 000

　　贷：销售费用——差旅费　　1 000

（4）财务费用的核算

财务费用是指企业为筹集生产经营所需资金而发生的费用，包括利息净支出、汇兑净损失以及相关的手续费等。

- **利息净支出**：指利息支出扣减利息收入后的净额。利息支出一般指短期借款利息、长期借款利息、应付票据利息、票据贴现利息和应付债权利息等（资本化的利息除外）；利息收入一般指存款利息和应收票据利息等。利息支出计入“财务费用”科目的借方，利息收入计入“财务费用”科目的贷方。
- **汇兑净损失**：指汇兑损失扣减汇兑收益后的净额。汇兑损失或收益都指外币兑换过程中的价差。
- **相关手续费**：包括企业办理各种银行收支业务、发行债券等所需支付的手续费。

需要注意的是，企业筹建期间发生的利息支出应计入开办费，而不是财务费用。为了购建固定资产或无形资产取得借款，在资产尚未交付使用或虽已交付使用但尚未办理竣工决算之前产生的借款利息，应计入所购建固定资产或无形资产的成本。

企业发生各项财务费用时，借记“财务费用”科目，贷记“银行存款”或“预提费用”等科目；企业发生利息收入、汇兑收益时，借记“银行存款”等科目，贷记“财务费用”科目；期末要将“财务费用”科目的借方或贷方的余额从其贷方或借方转入“本年利润”科目的借方或贷方，结转后本科目无期末余额。

◆ 短期借款利息支出的核算

上一章内容已经介绍了长期借款中利息支出的处理，本节内容只具体讲解短期借款中利息支出的账务处理。短期借款的利息支出计入“财务费用”科目，同时贷记“应付利息”科目。

实账处理　甲公司向银行借入短期借款100 000元的处理

甲公司于2019年2月1日向银行借入100 000元,年利率为4.35%,期限为3个月,到期一次还本付息，编制会计分录如下。

①取得借款时。

借：银行存款　　100 000

　　贷：短期借款　　100 000

②2月、3月末预提借款利息并结转财务费用时，

应付利息=（100 000×4.35%）÷12=362.5（元）。

借：财务费用——利息支出　　362.5

　　贷：应付利息　　362.5

借：本年利润　　362.5

　　贷：财务费用——利息支出　　362.5

③4月末还本付息并结转财务费用时。

借：短期借款　　100 000

　　应付利息　　725

　　财务费用——利息支出　　362.5

　　贷：银行存款　　101 087.5

借：本年利润　　　　　　　　362.5

　　贷：财务费用——利息支出　　　　362.5

◆ 手续费支出的核算

手续费指发行债券所需支付的费用（需资本化的手续费除外）、开出汇票的银行费用及调剂外汇费用等，但不包括发行股票支付的费用。

企业发生这些手续费时，借记“财务费用”科目，贷记“银行存款”等科目，期末要将该科目的借方余额从其贷方转入“本年利润”科目的借方，结转后本科目无期末余额。

实账处理 甲公司支付银行承兑汇票的手续费

甲公司开出一张2019年11月30日到期的银行承兑汇票，用来支付之前所欠的乙公司货款，发生手续费500元，用银行存款支付，则甲公司应编制如下的会计分录。

支付手续费时。

借：财务费用——手续费　500

　　贷：银行存款　　　　　　500

月末结转财务费用时。

借：本年利润　　　　　　　500

　　贷：财务费用——手续费　　　500

（5）管理费用的核算

管理费用是指企业的行政管理部门为管理和组织经营活动而发生的各

项费用，包括管理人员工资和福利费、管理部门和财务部门的固定资产折旧费、机器设备的日常修理费、技术转让费、无形资产和递延资产的摊销费及其他管理费用，如办公费、差旅费和劳保费等。

管理费用是一种期间费用，从更具体的角度来看，管理人员的工资、福利费、劳动保险费、车辆使用费、业务招待费、邮电费、差旅费、办公费、运杂费、工会经费、职工教育经费、修理费及其他如审计费、诉讼费等，都归集到管理费用中进行核算。因此企业不仅要设置“管理费用”科目，用于核算和监督管理费用的发生和结转情况，还要在该科目下设置明细科目，进行管理费用的明细核算，常见的一些明细科目如表7-3所示。

表7-3

明细科目	内容说明
工资	企业内部所有行政管理人员和财务部人员的工资（包括加班工资、值班工资等）、奖金以及为行政管理区域服务的临时工工资
职工福利费	包括食堂和医务室等后勤部门产生的职工福利费、体检费、所有医疗性支出、节假日发放的职工福利、困难职工补助、高温补贴费和取暖费等所有与职工福利相关的费用
劳动保险费	一般指企业为职工购买的除五险以外的其他保险费支出，以及直接由企业赔偿的部分保险费
车辆使用费	行政管理人员和财务部员工的用车费用，包括车辆的维修费、加油费和过路过桥费等一切车辆的维护保养费用
业务招待费	除销售部和生产车间发生的业务招待费外，其他行政管理部门发生的所有用于招待客户或供应商的费用支出，如烟、酒、餐食和购物卡等
邮电费	企业所有固定电话和移动电话消耗的话费、网络费用、信件邮寄费和快递费用等
差旅费	企业内部所有部门人员出差及执行外勤时发生的车费、住宿费和餐饮费等
办公费	企业各部门购置小额办公用品的费用、复印和打印费、书报刊费以及购买硬盘、光盘、软盘和插座等电脑用品和维修零件支付的费用

续上表

明细科目	内容说明
运杂费	行政管理部门办理业务时发生的运输费、车辆租赁费等
工会经费	企业的工会在组织活动时发生的相关费用，包括工会人员的办公费、差旅费等支出，其中还包括已经计提上缴的部分
职工教育经费	用于组织职工培训、学习和函授等的费用，其中还包括已经计提上缴的部分
修理费	主要指行政管理部门和生产车间的机器设备的日常维修费用，如电脑、空调、打印机、复印机和传真机等的修理安装费、硬件升级费以及其他管理部门的办公用品移动和安装费等，还有办公楼和宿舍、食堂等的装修费
现金和存货的盘亏	当现金和原材料、周转材料等存货盘亏时，由于管理不善造成的损失将确认为管理费用
其他	包括审计费、评估费、诉讼费、法律顾问费和排污费等其他管理部门偶尔发生的不在上述常见管理费用中的费用

当企业发生上表所示的一些费用时，借记“管理费用”科目，贷记“银行存款”或“库存现金”等科目；当发生无法查明原因的原材料、周转材料等存货盘盈时，借记“库存现金”或“原材料”等科目，贷记“管理费用”科目，期末时要将该科目借方余额从其贷方转入“本年利润”科目的借方，结转后本科目无期末余额。

新准则实施前，有些税费发生时也计入管理费用，如印花税、耕地占用税、契税和车辆购置税等。但新准则实施后，这些税费不再通过“应交税费”科目核算，也就不再计入管理费用，只在发生时计入相应的资产或当期损益。如印花税，新准则实施前，借记“管理费用”科目，贷记“银行存款”科目；新准则实施后，借记“税金及附加”科目，贷记“银行存款”科目。又如契税，新准则实施前，借记“管理费用”科目，贷记“银行存款”科目；新准则实施后，借记“无形资产”或“固定资产”等科目，贷记“银行存款”科目。

实账处理 **甲公司月末有关管理费用的处理**

1.乙公司2019年7月份开始生产经营，6月份发生的开办费总额960 000元，公司按照5年分期摊销。

每月摊销金额=（960 000÷5）÷12=16 000（元）

7月份摊销时，会计分录如下。

借：管理费用——开办费摊销　　　　16 000

　　贷：长期待摊费用——开办费　　　　16 000

月末结转时编制如下会计分录。

借：本年利润　　　　16 000

　　贷：管理费用——开办费摊销　　　　16 000

2.乙公司行政主任使用公司车辆，2019年8月份加油费800元，过路费500元，维修费1 000元，均不考虑增值税，报销后，则甲公司8月份应编制的会计分录如下。

借：管理费用——汽车费　　　　2 300

　　贷：库存现金　　　　2 300

月末结转时，编制如下会计分录。

借：本年利润　　　　2 300

　　贷：管理费用——汽车费　　　　2 300

第8章

所有者权益的增减变动及核算

所有者权益即股东权益，表现形式包括投入资本、资本公积和留存收益3类。其含义就是一种剩余权益，是企业全部资产减去全部负债后的差额。所有者权益的变动反映着投资者或股东在公司享有权益的变化情况，是他们最关心的问题，因此，会计人员要掌握所有者权益的核算。

8.1 所有者权益包括哪些

企业总资产扣除总负债后，由所有者享有的剩余权益，即所有者权益，股份公司将其称为股东权益。所有者权益是企业的资产扣除债权人权益后应由所有者享有的部分，它体现的是所有者对企业资产的剩余索取权，也反映所有者投入资本的保值、增值情况。

8.1.1 所有者权益的概述

从会计恒等式“资产-负债=所有者权益”可清楚地看出，所有者权益实质上是一种剩余权益，它体现了企业的产权关系。

所有者权益还被称为净资产，即“资产-负债=所有者权益=净资产”，这一等式清晰地表达了所有者权益的基本含义和计量方法，也反映了所有者权益在受偿顺序中的位次。一般来说，企业的债权人权益（负债）得到补偿之后，所有者权益才得到补偿（正常经营状况下无需补偿）。下面就来了解所有者权益的特征和来源。

（1）所有者权益的特征

所有者权益一般具有以下3个基本特征。

◆ 所有者权益是企业可长久使用的资金来源，除非发生减资、清算，企业不需要偿还所有者权益。

◆ 企业在清算时，所有者权益要等负债得到清偿后才能获得清偿。

◆ 所有者权益是否能得到满足，由企业实现的收益程度决定，也就是说，企业所有者要凭借所有者权益参与利润的分配。

（2）所有者权益的来源

所有者权益的形成渠道有3条：一是所有者投入的资本；二是所有者投资后的经营增值，如留存收益；三是直接计入所有者权益的利得和损失。

其中，直接计入所有者权益的利得和损失指不应计入当期损益、会导致所有者权益发生增减变动、与所有者投入资本或向所有者分配利润无关的利得或损失。

- **利得**：指由企业非日常活动所形成的、会导致所有者权益增加、与所有者投入资本无关的经济利益的流入，主要包括直接计入所有者权益的利得和直接计入当期利润的利得。
- **损失**：指由企业非日常活动所形成的、会导致所有者权益减少、与向所有者分配利润无关的经济利益的流出，主要包括直接计入所有者权益的损失和直接计入当期利润的损失。

（3）所有者权益与债权人权益的区别

企业的所有者和债权人都是企业资金的提供者，他们分别对应企业的所有者权益和债权人权益（负债），虽然两者都对企业资产有要求权，但两者的权益存在明显的区别，如表8-1所示。

表8-1

项目	所有者权益	债权人权益
本金是否偿还	在企业经营期内可供企业长期、持续地使用，企业不必向投资人返还资本金	须按期返还给债权人，成为企业的负债
承担债务的责任	企业的所有者对企业的债务和亏损均负有无限的责任或有限的责任	债权人不与企业的其他债务发生关系，一般也不承担企业的亏损
是否有享受利润的权利	企业的所有者凭借其向企业投入的资本，享受分配税后利润的权利	债权人除按规定取得相应的债权和利息外，无权分配企业的盈利

续上表

项目	所有者权益	债权人权益
经营管理享受权	企业所有者有权行使企业的经营管理权或授权管理人员行使经营管理权	债权人没有企业的经营管理权

8.1.2 所有者权益的分类

按照组成部分进行划分，所有者权益分为投入资本、资本公积和留存收益这3类，三者的具体内容如表8-2所示。

表8-2

项目	内容
投入资本	指所有者在企业注册资本的范围内实际投入的资本，按照来源不同，可分为国家投入资本、法人投入资本、个人投入资本和外方投入资本等
资本公积	指归所有者共有的、非收益转化而来的资本，一般包括资本溢价或股本溢价、其他资本公积等
留存收益	指归所有者共有的、由收益转化而来的所有者权益，主要包括法定盈余公积、任意盈余公积和未分配利润

所有者权益按照经济内容划分，可直接将上表中的留存收益分割成盈余公积和未分配利润，所以该划分方式下所有者权益有4类。根据所有者权益形成渠道划分，可分为原始投入资本和经营中形成的资本，其中原始投入资本包括上表中所示的投入资本和资本公积，经营中形成的资本包括盈余公积和未分配利润。

另外，就投入资本而言，按照其在不同类型公司中的表现形式，可划分为股本和实收资本，股份有限公司的投入资本为实际发行股票的面值，即股本；其他企业的投入资本是所有者的实际出资额，即实收资本。再从投入资产的形式划分，可分为货币投资资本、实物投资资本和无形资产投资资本。

8.2 所有者权益的核算

所有者权益的核算包括实收资本的核算、资本公积的核算、盈余公积的核算和未分配利润的核算，即所有者权益是企业所有者拥有的全部资本。

8.2.1 实收资本的核算

实收资本，顾名思义，指实际收到的出资人投入企业的资本金额。我国现行制度下，如果实际收到的资本金额刚好与注册资本金额相等，则实收资本就是注册资本；如果超过注册资本金额，则与注册资本相等的部分为实收资本，超过注册资本的部分计入资本公积。

提示 *什么是注册资本*

所谓注册资本，是指企业在设立时向工商行政管理部门登记认缴的资本总额，也是全部出资者设定的出资额之和，它是企业的法定资本，是企业承担民事责任的财力保证。企业按照法律、法规、合同和公司章程等的规定筹集资本时，若为一次筹资，则投入资本等于注册资本；若为分期筹资，则所有者最后一次认缴资本后，投入资本之和应等于注册资本。

（1）实收资本的分类

企业实收资本按投资主体不同可分为如下所示的5种常见类型。

- **国家资本：**指有权代表国家进行投资的政府部门或机构以国有资本投入企业形成的资本。
- **集体资本：**指由本企业劳动者集体所有和集体企业联合经济组织范

围内的劳动者所有的资产投入形成的资本。

- ◆ **法人资本**：指其他法人单位投入的资本。
- ◆ **个人资本**：指社会个人或本企业内部职工以个人的合法财产投入企业形成的资本。
- ◆ **外商资本**：指外国投资者投入企业的资本。

（2）实收资本的确认

新设立的公司必须在正式运营前通过合法途径验资，然后再按照企业章程、合同、协议或有关规定，根据实际收到的货币、实物及无形资产等来确认投入资本、实收资本。实收资本的确认要求如图8-1所示。

实收资本的确认要求

- 接收的以货币形式投入的资本，主要根据收款凭证确认实收资本，其中，外商投资者的外汇投资，根据资本来源地外汇管理局出具的证明予以确认。
- 接收的以房屋建筑物、机器设备和材料物资等实物资产作价投资的资本，应根据各项资产的评估证明及相应凭证予以确认，同时要实地勘察和清点核实有关实物资产。其中，房屋建筑物还应具有产权证明。
- 接收的以专利权、非专利技术、商标权和土地使用权等无形资产作价投资的资本，应根据各项资产的有关证明和凭证予以确认。其中，外方合营者出资的工业产权和非专利技术等必须符合规定的条件。

图8-1 实收资本的确认要求

（3）企业增加实收资本的途径

企业增加实收资本的常见途径有如下3种，每种途径的会计核算内容是不同的。

- ◆ **所有者（包括原企业所有者和新投资者）投入增加实收资本**：这种途径属于追加投资，所有者包括企业原所有者和新的投资者，其中股份公司一般通过增发新股追加投资。企业应在收到投资者投入的资金时，借记“银行存款”“固定资产”“原材料”或“无形资产”等科目，贷记“实收资本”和“资本公积”等科目。

- **将资本公积转为实收资本**：该途径属于所有者权益内部结构调整，会计上应借记“资本公积”科目，贷记“实收资本”科目。
- **将盈余公积转为实收资本**：该途径属于所有者权益内部结构调整，在会计上应借记“盈余公积”科目，贷记“实收资本”科目。

这里需要注意的是，若是独资企业采取上述第2种或第3种途径增加实收资本，可直接按实际数额结转；若是股份公司或有限责任公司采取上述第2种或第3种途径，则应按原投资者所持股份或出资比例，同比例增加各股东或出资者的股权或所有权。

（4）实收资本的核算

“实收资本”科目核算企业接受投资者投入的资本金额，超出注册资本或股份的部分，作为资本溢价或股本溢价，计入“资本公积——资本溢价”或“资本公积——股本溢价”科目。

- 接受货币投资

公司接受的货币投资，应将作为出资额的货币足额存入设立的指定银行账户，并按实际收到的货币款借记“银行存款”科目，按收到的注册资本范围内的货币款贷记“实收资本”科目，按收到的超过其在企业注册资本中所占份额的部分，贷记“资本公积”科目。

实账处理 **甲公司收到投资者的货币投资的处理**

甲公司在成立时，合伙企业A、B、C分别投入货币资金180万元、150万元和120万元，同时还收到个人投资者李某投入的货币资金50万元。所有资金已在规定时间内存入企业的银行账户，会计上将这些投资全部计入实收资本，编制会计分录如下所示。

借：银行存款　　　　　　　　　　5 000 000
　　贷：实收资本——A公司　　　　　　1 800 000
　　　　　　　　——B公司　　　　　　1 500 000
　　　　　　　　——C公司　　　　　　1 200 000
　　　　　　　　——李某　　　　　　　500 000

◆ 接受实物投资

企业必须根据资产的原值、净值、新旧程度、重置成本和获利能力等因素，对接受的实物投资资产进行价值评估确认。

实物投资的价值确认后，拟定投资合同，并按合同的约定，将投资者在企业注册资本或股本范围内的部分作为实收资本或股本，贷记“实收资本”或“股本”科目，超过注册资本或股本的部分作为资本公积，贷记“资本公积——资本溢价”或“资本公积——股本溢价”等科目。如表8-3所示的是企业收到固定资产投资的一些账务处理。

表8-3

情形	会计处理
收到全新的固定资产	将该资产的购建价款、应交的增值税进项税额、运杂费和安装调试费等价款合计，确认实收资本，借记“固定资产”科目，贷记“实收资本”科目。实务中，一般在“实收资本”科目下根据投资主体设置明细科目，进行明细核算
收到已用过的固定资产	按评估的固定资产账面价值，借记“固定资产”科目，贷记“实收资本”科目，同时也按投资主体设置明细科目，进行实收资本的明细核算

企业若是收到以流动资产投资的实物投资，则在收到流动资产时，按照评估价值，借记“原材料”或“库存商品”等科目，贷记“实收资本”科目。注意，流动资产对应的增值税进项税额需单独列出核算，后期可予以抵扣，但需要与流动资产的价值一起计入实收资本。

实账处理 甲公司收到投资者投入设备和原材料的处理

1.甲公司收到乙公司投入的一台使用过的机器设备，经专业机构评估，该设备的价值为140 000元，双方签订的投资合同中也约定投资入账价值为140 000元。甲公司应编制如下会计分录。

借：固定资产　　1400 000

　　贷：实收资本——乙公司　　140 000

2.甲公司收到丙公司投入的某种原材料，经评估该材料的值为450 000元。甲公司应编制如下的会计分录。

借：原材料　　450 000

　　贷：实收资本——丙公司　　450 000

◆ 接受无形资产投资

企业接受的专利权、非专利技术、商标权和土地使用权等无形资产投资，应按投资双方签订的合同约定价值作为实收资本入账，但合同约定价值不公允的除外。

实账处理 丙公司收到一项非专利技术投资

丙公司成立之初，某投资者以一项非专利技术作价投资，成为丙公司的所有者。经专业机构评估，该项非专利技术价值440万元，丙公司应在收到该项无形资产时编制如下会计分录。

借：无形资产——非专利技术　　4 400 000

　　贷：实收资本——丙公司　　4 400 000

8.2.2 资本公积的核算

企业收到投资者的出资额超出企业注册资本（或股本）中所占份额的部分要计入资本公积，因此资本公积包括资本溢价（股本溢价）和其他资本公积等内容。

（1）资本溢价

公司成立时，出资者认缴的出资额一般与注册资本相等，不会产生资本溢价或股本溢价，只有在原出资者追加投资或新投资者介入时才可能出现投入资本超过注册资本中所占份额而产生资本或股本溢价的情况。

无论投资者投资的是货币、存货、固定资产，还是无形资产，都应按照实际收到的货币金额或评估确定的资产价值作为投入资本，借记“银行存款”“原材料”“固定资产”或“无形资产”等科目，按投资比例计算的出资额部分，贷记“实收资本”科目，超过其在注册资本中所占份额的部分，贷记“资本公积”科目。为了维护原投资者的权益，新加入的投资者要付出高于原投资者的出资额才能享有与原投资者相同的投资比例。如下所示的是新投资者出资额的计算公式。

新投资者出资总额 = [（实收资本 + 留存收益）÷（1-欲占注册资本比例）] × 欲占注册资本比例

实账处理　接受新投资者投资的处理

1.A、B、C合伙成立了一家有限责任公司，已知A投入200万元，B投入100万元，C投入200万元，确认实收资本为500万元。两年后，该有限责任公司的留存收益为180万元。D看到该公司的发展前景良好，决定加入投资并协商约定占公司注册资本20%。原3位投资者同意D加入投资。

新投资者的出资总额=[（5 000 000+1 800 000）÷80%]×20%=1 700 000（元）

也就是说，原先的A、B、C出资总额500万元占新投资者加入后的注册资本的80%，则总注册资本为625万元（500÷80%）。因此，D投入总额170万元中有125万元应确认为实收资本，45万元确认为资本溢价，通过“资本公积”科目核算。

借：银行存款　　1 700 000

　　贷：实收资本——D　　1 250 000

　　　　资本公积——资本溢价　　450 000

2.某公司最初设立时，由两名投资者投资创立，每位投资者分别投入175万元，各占注册资本的50%。一年后，该公司扩大经营规模，并申请增资150万元，即注册资本变为500万元。与此同时，引入第三位投资者，签订相关协议，并约定第三位投资者占注册资本比例为30%。假设第三位投资者投入175万元，则其中的150万元确认为实收资本，25万元确认为资本溢价。

借：银行存款　　1 750 000

　　贷：实收资本　　1 500 000

　　　　资本公积——资本溢价　　250 000

（2）股本溢价

股份有限公司的股本总额等于股票面值乘以股份份数。因此股本溢价指股份有限公司溢价发行股票时实际收到的款项超过股票面值总额的数额，即溢价发行股票时，收到的款项中等于股票面值的部分计入“股本”科目，超出面值的部分溢价计入“资本公积——股本溢价”科目。由此可见，股份有限公司评价发行股票时，不会涉及资本公积的核算。

股票发行过程中通常会涉及一些手续费，该费用会影响股本溢价的入账数额，即溢价发行股票时的资本公积应按溢价收入扣除发行手续费和佣金等后的余额入账。

股份有限公司应在实际收到发起人和认股人的认股价款时要确认实收资本和资本公积，并及时登记入账。

实账处理 **某股份有限公司设立时发行溢价股票**

某股份公司设立时，在登记机关登记的注册资本为2 000万元，并确定发行股票股数为2 000万股，即每股面值为1元。最终公司委托相关证券公司以每股1.3元的价格溢价发行，证券公司收取总发行收入的0.2%手续费，在规定时间内，所有股款均已存入相应的银行账户。

股本=20 000 000×1=20 000 000（元）

股票发行收入=20 000 000×1.3=26 000 000（元）

发行手续费=26 000 000×0.2%=52 000（元）

股本溢价=26 000 000−20 000 000−52 000=5 948 000（元）

根据以上计算，该公司应编制如下会计分录。

借：银行存款　　25 948 000

　贷：股本　　20 000 000

　　资本公积——股本溢价　　5 948 000

（3）其他资本公积

其他资本公积指除资本溢价（或股本溢价）、净损益、其他综合收益和利润分配等以外的资本公积的变动。比如企业的长期股权投资采用权益法核算时，因被投资单位接受其他股东的资本性投入导致投资方持股比例变动形成的资本公积变动；又或者是企业将可供出售金融资产重分类为采用成本或摊余成本计量的金融资产时，重分类日该金融资产的公允价值或账面价值作为成本或摊余成本，而该金融资产没有固定到期日的，与该金融资产相关、原直接计入所有者权益的利得或损失，应计入“资本公积——其他资本公积”科目，在该金融资产被处置时，转出资本公积，计入当期损益。

实账处理 黄城股份有限公司债务重组的处理

黄城股份有限公司在2019年5月中旬出现财务危机，于当月底，和相关当事方进行债务重组。重组过程中，发现公司欠银行长期借款300万元未还，以及应付而未付的利息45万元。现与银行协商，同意15%的本金和全部利息不用偿还，其余本金应立即偿还。

不用偿还的金额=300×15%+45=90（万元），将这90万元确认为其他资本公积，则该公司应编制如下会计分录。

借：长期借款 3 000 000

　　应付利息 450 000

　　贷：银行存款 2 550 000

　　　　资本公积——其他资本公积 900 000

8.2.3 盈余公积的核算

盈余公积指企业从税后利润中提取形成的、存留于企业内部、具有特定用途的收益积累。

提取盈余公积这一行为实际上是在限制企业将当期实现的净利润向投资者或股东分配利润或股利，从而保证企业资金能正常运营。由于盈余公积在实现的净利润基础上提取，因此这一行为属于利润分配的一部分，一经提取并形成盈余公积后，这部分利润就不能向投资者或股东进行分配。

（1）盈余公积的用途

企业提取的盈余公积可用于扩大生产经营、弥补亏损、转增资本（或股本）及分配股利等。下面分别介绍后3种用途。

◆ 用于弥补亏损

企业发生亏损时，可用企业提取的盈余公积进行弥补。但在弥补顺序中，盈余公积并不是首选，而应遵循如图8-2所示的次序。

首先，企业按规定，用发生亏损后的5年内实现的税前利润弥补以前年度的亏损。

↓

其次，企业按规定用发生亏损后的5年内税前利润无法弥补完的亏损，要从第6年开始用税后利润弥补。

↓

最后，若经过上述两个程序还无法完全弥补以前年度亏损，则需向企业董事会提议，用盈余公积弥补亏损，最终经股东大会批准才可实施。实务中，若发生亏损的当年有盈余公积余额，有些企业会直接申请用盈余公积弥补亏损，也是可行的。

图8-2 盈余公积在弥补亏损中的位次

上述3个补亏次序中，涉及到的税前利润补亏、税后利润补亏和盈余公积补亏是企业弥补亏损的3个方法。

◆ 用于转增资本

企业用盈余公积转增资本时，必须经股东大会决议批准。在实际将盈余公积转增资本时，要按股东原有持股比例结转。并且转增后留存的盈余公积的数额不得少于注册资本的25%。

◆ 用于分配股利

一般来说，如果企业当年未实现利润时，不会向股东分配股利。但有时企业为了维护自身的信誉和形象，会用盈余公积分配股利，但此时必须符合两个条件：一是用盈余公积分配股利时，股利率不能过高，一般不得超过股票面值的6%；二是用盈余公积弥补亏损后，法定盈余公积应有余额，且不得低于注册资本的25%。

盈余公积无论是用于弥补亏损，还是用于转增资本，亦或是用于分配股利，都是企业所有者权益内部结构的转换，不会引起总的所有者权益的增减变动。

（2）盈余公积的分类

企业的盈余公积一般盈余公积又可分为法定盈余公积和任意盈余公积，两者的具体含义如图8-3所示。

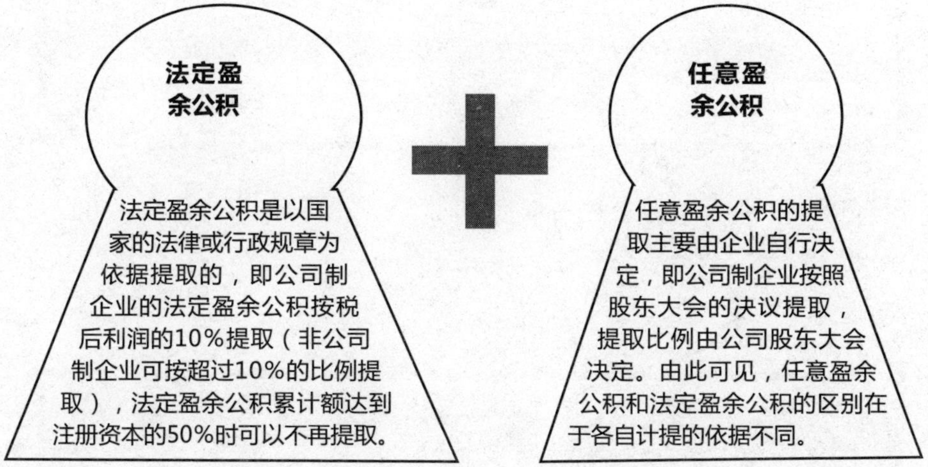

图8-3 盈余公积的分类

（3）盈余公积的处理

法定盈余公积和任意盈余公积的用途是不同的，企业应分别对其进行明细核算。企业提取盈余公积时，借记“利润分配——提取法定盈余公积”或“利润分配——提取任意盈余公积”科目，贷记“盈余公积——法定盈余公积”或“盈余公积——任意盈余公积”科目。来看具体的案例。

实账处理 **某公司提取盈余公积的账务处理**

某公司成立于2018年初，2019年初编制财务报表时，核算出公司2018年实现税后利润600万元。根据财税相关法律、法规和制度的规定，按照税后利润的10%提取法定盈余公积，同时由股东大会决议按10%提取任意盈余公积，具体计算如下。

提取的法定盈余公积=6 000 000×10%=600 000（元）

提取的任意盈余公积=6 000 000×10%=600 000（元）

借：利润分配——提取法定盈余公积　　600 000

　　　　　　——提取任意盈余公积　　600 000

　贷：盈余公积——法定盈余公积　　　　600 000

　　　　　　——任意盈余公积　　　　600 000

企业用提取的盈余公积转增资本时，应按实际转增的数额，借记“盈余公积——法定盈余公积”或“盈余公积——任意盈余公积”科目，贷记“实收资本”或“股本”科目。

实账处理 **某公司经批准将盈余公积转增资本**

某公司打算扩大经营规模，但又不想引入新的投资者，于是决定用法定盈余公积80万元转增资本。股东大会已同意，且转增后盈余公积高于注册资本的25%。相关会计分录如下。

借：盈余公积——法定盈余公积　　800 000

　贷：股本　　　　　　　　　　　800 000

实务中，为了明确各所有者或股东分别对应的转增资本数额，应在“实收资本”或“股本”科目下设置明细科目，进行明细核算，相应增加各所有者或股东对企业的投资。

企业用盈余公积弥补亏损时，应按照当期弥补亏损的数额编制如下所示的会计分录。

借：盈余公积——法定盈余公积/任意盈余公积

　　贷：利润分配——盈余公积补亏

实账处理　某公司经批准用盈余公积弥补亏损

某公司在2019年年初编制财务会计报表时，核算出经营亏损了207 000元。经过股东大会的决议，决定用法定盈余公积弥补这部分亏损，会计人员应编制如下会计分录。

借：盈余公积——法定盈余公积　　207 000

　　贷：利润分配——盈余公积补亏　　207 000

8.2.4 未分配利润的核算

未分配利润是企业未进行分配的利润，它在以后的年度可继续进行分配，而在未进行分配前，属于所有者权益的组成部分。从数量上看，未分配利润的计算公式如下。

期末未分配利润=期初未分配利润+本期实现的净利润-提取的各种盈余公积-分配的利润或现金股利

企业当年实现的利润总额在缴纳企业所得税后，得到的净利润一般按以下顺序进行分配：弥补以前年度亏损→提取法定盈余公积、法定公益金

→提取任意盈余公积→分配优先股股利→分配普通股股利。

实账处理 某公司结转未分配利润

某企业2013年年度终了结账时，发现亏损1 000万元。2014年年初编制财务会计报表时，发现以前年度亏损总计2 500万元。已知该企业2014～2018年平均每年实现税前利润500万元，根据相关法律、政策和制度的规定，企业需用这5年的税前利润弥补以前年度的亏损。

①2013年年末结转本年发生的亏损。

借：利润分配——未分配利润　　10 000 000

　　贷：本年利润　　10 000 000

②2014～2018年每年用税前利润弥补亏损。

借：本年利润　　5 000 000

　　贷：利润分配——未分配利润　　5 000 000

根据计算可知，2014～2018年5年共弥补2 500万元（500×5），刚好将以前年度亏损弥补完。

第9章

期末应报出怎样的报表

财务报表是会计主体对外提供的反映企业财务状况和经营成果的一系列表格，一套完整的财务报表包括资产负债表、利润表、现金流量表、所有者权益变动表（或股东权益变动表）和财务报表附注等。本章对主要财务报表，即资产负债表、利润表和现金流量表3大表进行介绍。

9.1 初识财务报表

财务报表是综合反映企业某一特定阶段的财务状况和某一特定期间的经营成果和现金流量情况的表格式资料，它的形成要以日常会计核算资料为依据，然后按照规定的格式、内容和方法编制而成。

9.1.1 财务报表的作用和分类

要用好财务报表，就需要熟知各类财务报表的作用，同时能正确区分各种类型分财务报表。

（1）财务报表的作用

财务报表是财务报告的主要组成部分，提供的会计信息重要作用，具体如下所示。

- ◆ 全面、系统地揭示企业在某一时点或某一会计期间的财务状况、经营成果和现金流入流出情况，帮助企业管理者了解本单位各项任务和目标的完成情况，及时发现问题，调整经营方向，改善管理水平，进而评价管理者的经营业绩，也为预测和决策提供依据。
- ◆ 为国家经济管理部门了解国民经济运行状况提供可靠数据和证明，使这些部门能通过各单位的财务报表了解和掌握各行各业、各地区的经济发展情况，有利于对经济做出宏观调控，优化资源配置，保证国民经济稳定、持续发展。
- ◆ 为投资者、债权人和其他有关各方掌握企业的财务状况、经营成果和现金流量等提供规范性资料，使这些人能准确分析企业的偿债能力、盈利能力和发展能力等，为这些人做出投资、贷款以及交易等行为提供决策依据。

◆ 财务报表是财政、税务、工商和审计等部门监督企业的经营管理工作的重要工具，通过审查财务报表，可查看和监督各单位是否遵守了国家的各项法律、法规及制度，以及有无偷税、漏税的行为。

（2）财务报表的分类

按照不同的分类依据，可将财务报表划分成不同类型，相关介绍如下。

◆ 按服务对象分类

财务报表按服务对象不同，分为对外报表和内部报表，如图9-1所示。

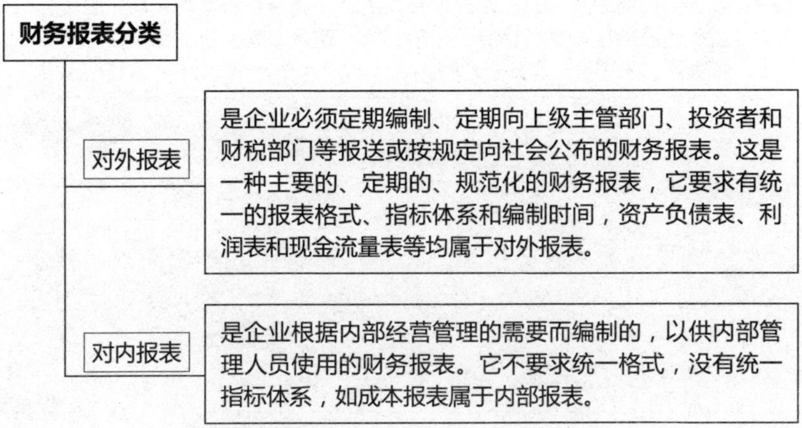

图9-1 财务报表按服务对象分类

◆ 按编制和报送的时间分类

财务报表按编制和报送时间不同，分为中期财务报表和年度财务报表。中期财务报表包括月度、季度、半年度财务报表；年度财务报表即每年年末编制的财务报表，它可全面反映企业整个会计年度的经营成果、现金流量情况及年末财务状况。企业每年年底必须编制并报送年度财务报表，月度和半年度财务报表一般也应按时编制，只有季度财务报表没有严格要求一定要编制。

◆ 按报表提供信息的重要性分类

在该分类依据下，财务报表分为主表和附表，主表的重要性远高于附表的重要性，具体说明如图9-2所示。

主表

主表即主要财务报表，是指所提供的会计信息比较全面、完整，能基本满足各种信息需要者的不同要求的财务报表。现行的主表主要有4张，即资产负债表、利润表、现金流量表和所有者权益变动表等。

附表

附表即从属报表，指对主表中不能或难以详细反映的一些重要信息所做的补充说明的报表。现行的附表主要有：利润分配表和分部报表，是利润表的附表；应交增值税明细表和资产减值准备明细表，是资产负债表的附表。主表与有关附表之间存在着勾稽关系，主表反映企业的主要财务状况、经营成果、现金流量和所有者权益，附表则对主表作进一步补充说明。

图9-2 财务报表按提供信息重要性分类

◆ 按编报单位不同分类

在该分类依据下，财务报表分为基层财务报表和汇总财务报表，如表9-1所示。

表9-1

类型	介绍
基层财务报表	由独立核算的基层单位编制，反映本单位财务状况和经营成果的报表
汇总财务报表	基层单位的上级或主管部门将本身的财务报表与其下辖单位报送的基层财务报表汇总编制而成的报表

◆ 按编报的会计主体不同分类

在该分类依据下，财务报表分为个别财务报表和合并财务报表。这种分类方式一般针对由母公司和子公司构成的集团公司，个别财务报表指集团公司中，由母公司和子公司各自为主体分别单独编制的报表，分别反映母公司和子公司自身的财务状况、经营成果和现金流量情况；合并报表指以集团公司为会计主体，由母公司根据自身和子公司分别单独编制的个别财务报表的信息汇总编制而成的报表，反映集团公司的财务状况、经营成果和现金流量情况。

9.1.2 财务报表的组成和要求

财务报表并不只是一张报表，它包含了多个反映企业经营信息的报表，在编制过程中都需遵循一些基本的要求。

（1）财务报表的组成

公司的财务报表一般包括资产负债表、利润表、现金流量表、所有者权益变动表和财务报表附注，这些报表反映的内容如表9-2所示。

表9-2

表名	内容
资产负债表	反映企业资产、负债及资本在某一时点（一般是会计期末）的状况，以及长短期偿债能力和利润分配能力等
利润表	反映本期企业收入、费用和应该记入当期利润的利得和损失的金额及结构情况
现金流量表	反映企业经营活动、投资活动和筹资活动中现金流量的来龙去脉，包括流入、流出和具体金额等情况
所有者权益变动表	反映本期企业所有者权益（股东权益）总量的增减变动和结构变动的情况，特别是要反映直接记入所有者权益的利得和损失
财务报表附注	财务报表附注是对前述4张报表中列示的项目进行文字描述或说明，旨在帮助使用者深入了解财务报表的基本内容。附注的内容有企业的基本情况、财务报表的编制基础、遵循企业会计准则的声明、重要会计政策和会计估计变更、差错更正的说明、重要报表项目的说明以及其他需要说明的重要事项等

财务报表作为财务报告的重要组成部分，如果附有专门机构出具的审计报告，可信度会更高。因此很多企业出具的年度财务报告中，除了有财务报表，还会有审计报告。

实际上在上市公司的企业年报中，除了包含几大财务报表、附注和相关机构出具的审计报告外，还包括相关领导人的业务报告和企业管治报告等多份非会计文件。

（2）财务报表的编制要求

财务报表的编制要求有数据真实、内容完整、计算准确、报送及时和手续完备这5方面的要求，如表9-3所示。

表9-3

要求	内容
数据真实	财务报表中的各项数据必须真实可靠，如实地反映企业的财务状况、经营成果和现金流量，这是对会计信息质量的基本要求
内容完整	财务报表应反映企业经济活动的全貌，全面反映企业的财务状况和经营成果，满足各方面对会计信息的需要。凡是国家要求提供的财务报表，各企业必须全部编制并报送，不得漏编和漏报。凡是国家统一要求披露的信息，都必须披露
计算准确	日常会计核算及财务报表编制都涉及大量的数字计算，只有计算准确，才能保证数据真实可靠。这就要求编制财务报表必须以核对无误的账簿记录和其他有关资料为依据，不能使用估计或推算的数据，更不能以任何方式弄虚作假，玩数字游戏或隐瞒谎报
报送及时	及时性是会计信息的重要特征，财务报表信息只有及时地传递给信息使用者，才能为使用者的决策提供依据。否则即使财务报表真实可靠且内容完整，由于编制和报送不及时，对报表使用者来说，也会大大降低会计信息的使用价值
手续完备	企业对外提供的财务报表应加具封面，装订成册并加盖公章。财务报表封面上应注明企业名称、企业统一社会信用代码、组织形式、地址、报表所属年度或月份以及报出日期，并由企业负责人和主管会计工作的负责人、会计机构负责人（会计主管人员）等签名并盖章。设置总会计师的企业，还应由总会计师签名并盖章

由于会计账簿是编制财务报表的直接依据，所有报表数据均来源于会计账簿，因此要在编制报表前做好对账和结账工作，保证账证、账账和账实等核对相符，进而确保财务报表数据的真实性和正确性。

9.2 某会计时点上的静态报表：资产负债表

资产负债表是用来反映企业在一定日期的财务状况的主要会计报表，这个一定日期一般是各会计期末，而财务状况具体指资产、负债和所有者权益之间的结构状况。资产负债表的常见格式利用了“资产=负债+所有者权益”的原则，将企业生产经营过程中可能涉及的资产、负债和所有者权益类科目分为左侧“资产”和右侧“负债及所有者权益”两大区块。

9.2.1 认识资产负债表

资产负债表是在经过收集整理原始凭证、填制记账凭证、结转账目、调账、登记账簿以及试算平衡等会计工作程序后，慢慢形成的一张反映某一时点企业财务状况的财务报表。它不仅可用于企业内部除错、明确经营方向和防止财务舞弊行为，还可帮助使用者在短时间内了解企业财务的大致情况。

（1）资产负债表的内容

资产负债表中的资产、负债和所有者权益等对应的各个项目之间有着或多或少的勾稽关系，其排列规则遵循一定的分类标准和顺序。

资产负债表反映了企业的资产、负债和所有者权益的总体规模及结构，比如总资产有多少，资产中流动资产和非流动资产各有多少，流动资产中的货币资金、应收账款以及存货等又分别有多少；又比如总负债有多少，负债中流动负债和非流动负债各有多少，流动负债中的短期借款、应付票据、应付职工薪酬和应交税费等又分别有多少；再比如总的所有者权益有多少，其中实收资本、资本公积、盈余公积和未分配利润等分别有多少。

从排列上看，资产负债表分为资产、负债和所有者权益3部分进行分项列示。其中资产按流动性大小进行排列，流动资产在前，非流动资产在后；负债按流动性或偿还期长短进行排列，流动负债在前，非流动负债在后；所有者权益则按实收资本、资本公积、盈余公积和未分配利润这样的顺序进行排列。

（2）资产负债表的作用

资产负债表提供与企业财务状况有关的信息，具体作用如图9-3所示。

资产负债表的作用

- 可以提供某一日期资产的总额及结构，表明企业拥有或控制的资源及其分布情况。即有多少资源是流动资产，有多少资源是长期投资，有多少资源是固定资产等。
- 可以提供某一日期的负债总额及其结构，表明企业未来需要用多少资产或劳务清偿债务以及清偿时间的长短，即流动负债有多少，长期负债有多少以及长期负债中有多少需要用当期流动资金进行偿还等。
- 可以反映所有者拥有的权益，据此判断资本保值、增值的情况以及对负债的保障程度。
- 是进行财务分析的基本资料，如将流动资产与流动负债进行比较，计算出流动比率；将速动资产与流动负债进行比较，计算出速动比率等，可以表明企业的变现能力、偿债能力和资金周转能力，从而有助于会计报表使用者作出经济决策。

图9-3 资产负债表的作用

（3）资产负债表的列报

资产负债表中的流动资产、非流动资产、流动负债、非流动负债以及所有者权益等应分别列报，具体要根据资产和负债的流动性强弱及负债偿还期限长短等顺序列示。对于资产和负债的具体列报情况，如表9-4所示。

表9-4

项目	列报说明
流动资产	符合下列条件之一的资产，归类为流动资产： 1.预计在一个正常营业周期内变现、出售或耗用。正常营业周期指从购买用于加工的资产到收回现金或现金等价物的期间； 2.主要为了交易目的而持有； 3.预期从资产负债表日起一年内变现； 4.从资产负债表日起一年内，交换其他资产或清偿负债的能力不受限制的现金或现金等价物
非流动资产	除流动资产以外的资产全部归类为非流动资产，具体应按长期股权投资、固定资产、无形资产及其他非流动资产等分项列示
流动负债	符合下列条件之一的负债，归类为流动负债： 1.预计在一个正常营业周期中清偿； 2.主要为了交易目的而持有； 3.预期能从资产负债表日起一年内予以清偿； 4.企业无权自主延迟债务到资产负债表日后一年以上才清偿
非流动负债	除流动负债以外的负债全部归类为非流动负债，具体应按长期借款、应付债券、长期应付款及其他非流动负债等分项列示

如果没有可靠证据表明企业的营业周期会超过一年，或同行业大多数企业的营业周期均不超过一年，则企业应以一年为时间标准划分流动资产与非流动资产、流动负债与非流动负债。

根据《企业会计准则》和相关实施细则的规定，资产负债表中的资产、负债和所有者权益等都应包括的单列项目，如表9-5所示。

表9-5

项目	单列项目
资产类	货币资金、应收款项及预付款项、交易性投资、存货、持有至到期投资、长期股权投资、投资性房地产、固定资产、生物资产、递延所得税资产和无形资产等。格式上，资产类至少应包括流动资产合计项目和非流动资产合计项目

续上表

项目	单列项目
负债类	短期借款、应付款项及预付款项、应付职工薪酬、应交税费、预计负债、长期借款、应付债券、长期应付款、递延所得税负债以及被划分为持有待售处置组中的负债。格式上，负债类至少应包括流动负债合计项目和非流动负债合计项目
所有者权益类	实收资本（或股本）、资本公积、盈余公积和未分配利润。格式上，所有者权益类只包括所有者权益合计项目

整个资产负债表要列示资产总计项目、负债及所有者权益总计项目。

（4）资产负债表的格式

在我国，资产负债表采用账户式，已执行新金融准则和新收入准则的企业的资产负债表格式如图9-4所示。

资产负债表

会企01表

编制单位：　　　　年　月　日　　　　单位：元

资产	期末余额	年初余额	负债和所有者权益（或股东权益）	期末余额	年初余额
流动资产：			流动负债：		
货币资金			短期借款		
交易性金融资产			交易性金融负债		
衍生金融资产			衍生金融负债		
应收票据及应收账款			应付票据及应付账款		
预付款项			预收款项		
其他应收款			合同负债		
存货			应付职工薪酬		
合同资产			应交税费		
持有待售资产			其他应付款		
一年内到期的非流动资产			持有待售负债		
其他流动资产			一年内到期的非流动负债		
流动资产合计			其他流动负债		
非流动资产：			流动负债合计		
债权投资			非流动负债：		
其他债权投资			长期借款		
长期应收款			应付债券		
长期股权投资			其中：优先股		
其他权益工具投资			永续债		
其他非流动金融资产			长期应付款		
投资性房地产			预计负债		
固定资产			递延收益		
在建工程			递延所得税负债		
生产性生物资产			其他非流动负债		
油气资产			非流动负债合计		
无形资产			负债合计		
开发支出			所有者权益（或股东权益）：		
商誉			实收资本（或股本）		
长期待摊费用			其他权益工具		
递延所得税资产			其中：优先股		
其他非流动资产			永续债		
非流动资产合计			资本公积		
			减：库存股		
			其他综合收益		
			盈余公积		
			未分配利润		
			所有者权益（或股东权益）合计		
资产总计			负债和所有者权益（或股东权益）总计		

图9-4 资产负债表

资产负债表一般有表首、正表两部分。表首概括说明报表名称、编制单位、编制日期、报表编号、货币名称和计量单位等；正表是资产负债表的主体，列示了用以说明企业财务状况的各个项目，且每个项目又分为“期末余额”和“年初余额”两栏分别填列。

资产负债表的账户式结构分为左右两侧，左侧列示资产类项目，右侧列示负债及所有者权益类项目，左右两侧的总计数应相等。除此之外，资产负债表还有报告式和财务状况式，因不常使用，这里便不作详讲。

9.2.2 如何编制资产负债表

财务报表的编制工作就是对日常会计核算并记录的数据进行归集、整理，使之成为有用的会计信息。

（1）资产负债表的编制方法

企业资产负债表中的各项目数据，主要通过以下几种方式取得。

- **根据总账科目余额直接填列**：如“短期借款”项目，根据“短期借款”总账科目的期末余额直接填列。
- **根据总账科目余额计算填列**：如“货币资金”项目，要根据“库存现金”“银行存款”和“其他货币资金”这3个总账科目的期末余额合计数计算填列。
- **根据明细科目余额计算填列**：如“应付票据及应付账款”项目，需要根据“应付票据”科目的期末余额以及“应付账款”和“预付账款”科目所属相关明细科目的期末贷方余额计算填列。
- **根据总账科目和明细科目余额分析计算填列**：如“长期借款”项目，要根据“长期借款”总账科目期末余额，扣除“长期借款”科目所属明细科目中将于一年内到期的长期借款部分，分析计算填列。
- **根据科目余额减去其备抵科目余额后的净额填列**：如“固定资产”项目，要根据“固定资产”科目的期末余额，减去“累计折旧”备抵科目余额和“固定资产清理”科目贷方余额后的净额填列；又如“无形资产”项目，根据“无形资产”科目的期末余额，减去“累计摊销”和“无形资产减值准备”等备抵科目余额后的净额填列。

资产负债表的“年初数”栏内各项数字，根据上年末资产负债表“期末数”栏内各项数字填列，“期末数”栏内各项数据根据会计期末各总账账户及所属明细账户的余额填列。如果本年度资产负债表规定的各个项目的名称和内容与上年度的不一致，则按编报当年的口径对上年年末资产负债表各项目的名称和数据进行调整，填入本年度报表的“年初数”栏内。

资产负债表的编制原理是“资产=负债+所有者权益”这一会计恒等式，因此它不仅是一张反映企业某一时点财务状况的静态报表，还是一张平衡报表。通过在资产负债表中设置“年初数”和“期末数”栏，由此反映企业财务状况的变动情况。

（2）资产负债表各项目的填列

表9-6所示的是资产负债表中部分项目的内容和计算方法。

表9-6

项目	内容
货币资金	反映企业库存现金、银行结算户存款、外埠存款、银行汇票存款、银行本票存款信用卡存款和信用保证金存款等货币资金的合计数（货币资金=现金+银行存款+其他货币资金）
应收票据及应收账款	反映两者的和，其中应收票据反映企业收到的未到期收款也未向银行贴现的应收票据，包括商业承兑汇票和银行承兑汇票（应收票据=应收票据）；应收账款反映企业因销售产品和提供劳务等而应向购买单位收取的款项[应收账款=应收账款（借）+预收账款（借）-应计提应收账款的“坏账准备”]
预付账款	反映企业预付给供应单位的款项[预付账款=应付账款（借）+预付账款（借）]
其他应收款	反映企业除应收票据及应收账款、预付账款等经营活动以外的应收和暂付的款项（其他应收款=其他应收款-应计提其他应收款的“坏账准备”）

续上表

项目	内容
存货	反映企业期末在库、在途和在加工中的各项存货的实际成本或可变现净值，包括原材料、包装物、低值易耗品、自制半成品、产成品、分期收款发出商品等（存货=材料+低值易耗品+库存商品+委托加工物资+委托代销商品+生产成本等-存货跌价准备），材料采用计划成本核算，以及库存商品采用计划成本或售价核算的企业，应按加或减材料成本差异或商品进销差价后的金额填列
一年内到期的非流动资产	反映企业非流动资产项目中在一年内到期的金额，包括一年内到期的持有至到期投资、长期待摊费用和一年内可收回的长期应收款。根据“持有至到期投资”“长期待摊费用”和“长期应收款”等科目计算后填列
其他流动资产	反映企业除以上流动资产项目外的其他流动资产的实际成本（其他流动资产=除以上流动资产项目外的其他流动资产）
长期股权投资	反映投资方对被投资单位实施控制，重大影响的权益性投资，以及对其合营企业的权益性投资。应根据“长期股权投资”科目的期末余额，减去“长期股权投资减值准备”科目的期末余额后的净值填列
固定资产	固定资产=“固定资产”账户的期末余额-“累计折旧”-“固定资产减值准备”+“固定资产清理”贷方余额，其中固定资产清理反映企业因出售、毁损、报废等原因转入清理但尚未清理完毕的固定资产的净值，以及固定资产清理过程中所发生的固定资产清理费用和固定资产变价收入等各项金额的差额{固定资产清理=固定资产清理（贷）[“固定资产清理”科目期末为借方余额，以“-”号填列]}
在建工程	反映企业期末各项未完工程的实际支出和尚未使用的工程物资的实际成本，包括交付安装的设备价值，未完建筑安装工程已经耗用的材料、工资和费用支出，预付出包工程的价款以及已经建筑安装完毕但尚未交付使用的建筑安装工程成本、尚未使用的工程物资的实际成本等，包括工程物资
无形资产	反映企业各项无形资产的原价扣除摊销后的净额
长期待摊费用	长期待摊费用=“长期待摊费用”期末余额-“将于一年内（含一年）摊销的数额”
其他非流动资产	反映除以上资产以外的其他非流动资产

续上表

项目	内容
短期借款	反映企业借入尚未归还的一年以下的借款（短期借款=短期借款）
应付票据及应付账款	该项目反映应付票据和应付账款的和，其中应付票据反映企业为了抵付货款而开出、承兑的尚未到期付款的应付票据，包括银行承兑汇票和商业承兑汇票（应付票据=应付票据），应付账款反映企业购买原材料或接受劳务等供应而应付给供应单位的款项[应付账款=应付账款（贷）+预付账款（贷）]
预收账款	反映企业预收的购买单位的货款[预收账款=应收账款（贷）+预收账款（贷）]
应付职工薪酬	反映企业应付未付的职工工资
其他应付款	反映企业除应付票据及应付账款、预收账款、应付职工薪酬和应交税费等经营活动以外的其他应付和暂收款项，如应付保险费、存入保证金等（其他应付款=其他应付款）
应交税费	反映企业应交未交的各种税费（多交或尚未抵扣的税费以“-”号填列）
一年内到期的非流动负债	根据“长期借款”“长期应付款”和“应付债券”等账户分析计算后的金额填列
其他流动负债	反映除上述流动负债以外的其他流动负债
长期借款	反映企业借入尚未归还的一年期以上的借款
长期应付款	反映企业期末除长期借款和应付债券以外的其他各种长期应付款（长期应付款=长期应付款）
其他非流动负债	反映除上述非流动负债项目以外的其他非流动负债。上述非流动负债各项目中将于一年内到期的非流动负债，应在本表“一年内到期的非流动负债”项目内另行反映
实收资本	反映企业实际收到的资本总额（实收资本=实收资本）
资本公积	反映企业资本公积的期末余额
盈余公积	反映企业盈余公积的期末余额
未分配利润	反映企业尚未分配的利润

9.3 某会计期间的动态报表：利润表

利润表是反映企业在一定会计期间的经营成果的报表，因此又被称为动态报表，其中有些企业还会把利润表称为损益表或收益表。

9.3.1 认识利润表

利润表反映的企业一定会计期间的经营成果，既可能是盈利，也可能是亏损。这里的一定会计期间可以是月度、季度、半年度或年度。利润表不仅可以反映最终经营成果，还可以全面揭示企业在某一特定时期实现的各种收入、发生的各种成本费用支出以及实现的盈亏等情况。

（1）利润表组成

利润表一般有表首、正表两部分。表首注明报表名称、编制单位、编制日期、报表编号、货币名称和计量单位等信息；正表则是利润表的主体，反映形成经营成果的各个项目的具体情况和计算过程，因此，利润表还被一些业内人士定义为损益计算书。

按照利润表的正表格式类型，可将其分为单步式利润表和多步式利润表。单步式利润表中，当期所有收入列在一起，所有费用列在一起，然后收入和费用相减得出当期净损益；多步式利润表中，先将当期的收入、费用和支出等对应的项目按性质进行归类，再按利润形成过程列示一些中间利润指标，如营业利润、利润总额和净利润，分步计算得出当期净损益。

（2）利润表的格式

我国企业常用多步式利润表，具体根据“收入-费用=利润”的基本关系进行编制。该报表的项目是企业收入、费用和利润等要素内容的具体体现，其格式如图9-5所示。

利润表

会企02表

编制单位：　　　　　　　　年　　月　　　　　　　　单位：元

项目	本期金额	上期金额
一、营业收入		
减：营业成本		
税金及附加		
销售费用		
管理费用		
研发费用		
财务费用		
其中：利息费用		
利息收入		
资产减值损失		
信用减值损失		
加：其他收益		
投资收益（损失以“-”号填列）		
其中：对联营企业和合营企业的投资收益		
净敞口套期收益（损失以“-”号填列）		
公允价值变动收益（损失以“-”号填列）		
资产处置收益（损失以“-”号填列）		
二、营业利润（亏损以“-”号填列）		
加：营业外收入		
减：营业外支出		
三、利润总额（亏损总额以“-”号填列）		
减：所得税费用		
四、净利润（净亏损以“-”号填列）		
（一）持续经营净利润（净亏损以“-”号填列）		
（二）终止经营净利润（净亏损以“-”号填列）		
五、其他综合收益的税后净额		
（一）不能重分类进损益的其他综合收益		
1. 重新计量设定受益计划变动额		
2. 权益法下不能转损益的其他综合收益		
3. 其他权益工具投资公允价值变动		
4. 企业自身信用风险公允价值变动		
……		
（二）将重分类进损益的其他综合收益		
1. 权益法下可转损益的其他综合收益		
2. 其他债权投资公允价值变动		
3. 金融资产重分类计入其他综合收益的金额		
4. 其他债权投资信用减值准备		
5. 现金流量套期储备		
6. 外币财务报表折算差额		
……		
六、综合收益总额		
七、每股收益：		
（一）基本每股收益		
（二）稀释每股收益		

图9-5 利润表

（3）利润表的重要作用

利润表中记录的会计信息，可用来反映企业的经营成果，评价企业的经营效率，评估企业的投资价值和回报，进而衡量企业在经营管理工作上的成功程度。下面从实际工作角度介绍利润表的一些重要作用。

◆ **作为经营成果的分配依据：**利润表反映企业在一定期间内发生的营业收入、营业成本、税费及附加、销售费用、管理费用、财务费用和营业外收支等的情况，通过多步核算，算出关于利润的一些综合指标。同时，利润表上的数据将直接影响与企业有联系的各方利益，如国家的税收收入、所有者的权益、职工的工资以及向股东发放的股利等。

- **综合反映生产经营活动的情况，有助于考核管理者的工作业绩：**利润表中的数额增减变化能综合表现出企业在生产、经营、投资和筹资等各项活动中的管理效率和效益。通过将利润表中的收入、成本费用和利润等与企业的生产经营计划进行对比，可考核生产经营计划的完成情况，进而考核经营管理者的工作业绩。
- **可用来分析企业的获利能力并预测未来的现金流量：**利润表是揭示经营利润、投资净收益和营业外收支净额的详细资料，可据以分析企业的盈利水平，评估企业的获利能力。

9.3.2 如何编制利润表

由于利润表反映了企业经营资金的动态变化情况，提供了企业经营成果方面的详细信息，因此编制时要特别注意方法和具体的编制内容。

（1）利润表的编制方法

利润表记录一定会计期间内企业的销售收入、销售成本、经营费用、税收以及利润等的最终情况，反映企业最终实现的利润或形成的亏损，为企业管理者作出下一步经营决策提供数据支撑。不同格式的利润表，编制方法不同，具体介绍如下。

- 单步式利润表

编制单步式利润表时，要先分别汇总企业一定会计期间内的所有收入和成本费用支出，然后两者相减，得出当期净利润或所得税税后利润。

- 多步式利润表

编制多步式利润表时，要根据利润的形成过程进行列示，中间需计算出多个利润指标，供后续编制使用。具体操作步骤有如图9-6所示。

第一步：反映销售净额

利用销售总额减销货退回、销售折让、销售税金及附加等计算得出。

第二步：反映销售毛利

利用销售净额减销售成本计算得出。

第三步：反映销售利润

利用销售毛利减销售费用、管理费用和财务费用等期间费用计算得出。

第四步：反映营业利润

利用销售利润加上其他业务利润计算得出。

第五步：反映利润总额

利用营业利润加（减）投资净损益、营业外收支以及会计方法变更对前期损益的累积影响等项目计算得出。

第六步：反映所得税后利润

利用利润总额扣减所得税费用计算得出。

图9-6 多步式利润表的编制步骤

（2）利润表内各项目的主要内容

利润表中的各项目都列有“本月数”和“本年累计数”两栏。

◆ “本月数”栏

利润表的“本月数”栏反映各项目的本月实际发生数，在编报中期和年度财务报表时，需将“本月数”栏改成“上年数”栏。

在编制利润表时，各项目的“本月数”栏一般根据相关会计账户的本期发生额及其明细账户的本期发生额分析填列。该表中部分项目的具体填列规范如表9-7所示。

表9-7

项目	内容
营业收入	反映企业主营业务和其他业务所得的收入总额。本项目应根据“主营业务收入”和“其他业务收入”账户的发生额分析填列
营业成本	反映企业主营业务和其他业务发生的实际成本总额。本项目应根据“主营业务成本”和“其他业务成本”账户的发生额分析填列
税金及附加	反映企业各项经营业务应负担的消费税、城市维护建设税、资源税、土地增值税和教育费附加等税费。本项目应根据“税金及附加”账户的发生额分析填列
销售费用	反映企业在销售商品和商品流通企业在购入商品等过程中发生的费用。本项目应根据“销售费用”账户的发生额分析填列
管理费用	反映企业为组织和管理生产经营活动而发生的费用。本项目应根据“管理费用”账户的发生额分析填列
研发费用	反映企业在研究与开发过程中发生的费用支出。本项目应根据“管理费用”科目下的“研发费用”明细科目的发生额分析填制
财务费用	反映企业为筹集生产经营所需的资金而发生的费用。本项目应根据“财务费用”账户的发生额分析填列
资产减值损失	反映企业各项资产发生的减值损失。本项目应根据“资产减值损失”账户的发生额分析填列
公允价值变动损益	反映企业相关资产发生公允价值变动而形成的当期利得和损失。本项目应根据“公允价值变动损益”账户的发生额分析填列
投资收益	反映企业以各种方式对外投资所取得的收益。本项目应根据“投资收益”账户的发生额分析填列，若为投资损失，以“-”号填列
营业外收入	反映企业发生的与其生产经营无直接关系的各项收入。根据“营业外收入”账户的发生额分析填列
营业外支出	反映企业发生的与其生产经营无直接关系的各项支出。根据“营业外支出”账户的发生额分析填列
所得税费用	反映企业按规定应从本期损益中减去的企业所得税税额。本项目应根据“所得税费用”账户的发生额分析填列

利润表中“营业利润”“利润总额”和“净利润”等项目，均根据有关项目计算填列，具体计算方法如下。

营业利润=营业收入－营业成本－税金及附加－销售费用－管理费用－财

务费用－资产减值损失-信用减值损失+公允价值变动收益（－公允价值变动损失）+投资收益（－投资损失）+资产处置收益（-资产处置损失）+其他收益

利润总额=营业利润+营业外收入-营业外支出

净利润=利润总额-所得税费用

◆ “本年累计数”栏

利润表的该栏反映各项目自年初起至本月末止的实际累计发生数，它应根据上月利润表的“本年累计数”栏各项目数额，加上本月利润表的“本月数”栏各项目数额之和，计算填列。

9.4 某会计期间现金的变动情形：现金流量表

现金流量表是财务报表的3大基本报表之一，反映的是企业在一定会计期间内，现金及现金等价物的增减变动情况，主要体现经营活动、投资活动和筹资活动这3个方面涉及的现金流入和流出状况。这里的一定会计期间也可以是每月、每季度，或者是每年。

9.4.1 认识现金流量表

现金流量表中的“现金”指现金或现金等价物，其中现金指存放在单位内部的库存现金和存放在单位开户银行账户中的银行存款；现金等价物指各单位持有的期限较短、流动性较强、易于转换为已知金额的现金且价值变动风险较小的投资。

（1）现金流量表的作用

以前，企业在经营过程中尤其重视资产负债表和利润表。而现在发现，很多企业经营失败的原因是资金周转不灵，所以现金流量表的重要性就被众多企业管理者发现，进而认识到了现金流量表的一些不可忽视的作用，如图9-7所示。

1. 反映企业的现金流量情况，评价企业未来产生现金净流量的能力。
2. 可用来分析净收益与现金流量之间的差异，发现产生差异的原因。
3. 可用来分析、评价企业偿还债务及支付投资利润的能力，判断企业的真实财务状况。
4. 通过现金流量表，分析现金投资与融资、非现金投资与融资等情况，全面了解企业的财务状况。

图9-7 现金流量表的作用

（2）现金流量的分类

企业一定时期内的现金流入和流出是由各种因素引起的，因此现金流量表首先要对各种活动进行合理分类，然后分别统计各类活动产生的现金流量情况。按照相关规定，现金流量表分为经营活动产生的现金流量、投资活动产生的现金流量和筹资活动产生的现金流量这3类。

- **经营活动产生的现金流量：**指企业投资活动和筹资活动以外的所有交易活动和事项引起的现金流入和流出量，包括销售商品、提供劳务和经营租赁等活动收到的现金，还包括购买商品、接受劳务和缴纳税费等活动支出的现金。
- **投资活动产生的现金流量：**指企业长期资产的购建和对外投资活动（不包括现金等价物范围的投资引起）的现金流入和流出量，包括收回投资、取得投资收益及处置长期资产等活动收到的现金，还包括购建固定资产、在建工程、无形资产等长期资产和对外投资等活动支出的现金。

◆ **筹资活动产生的现金流量：**指企业接受投资和借入资金引起的现金流入和流出量，包括接受投资、借入款项和发行债券等活动收到的现金，还包括偿还借款、偿还债券、支付利息和分配现金股利等活动支出的现金。

（3）现金流量表的格式

现金流量表分为主表和附表两大部分，主表中各项目的金额实际上体现了每笔现金流入和流出的经济活动归属，附表中各项目的金额是相应会计科目的当期发生额或期末与期初余额的差额，主表格式如图9-8所示。

现金流量表

会企 03 表

编制单位：　　　　年　　月　　　　单位：元

项目	本月金额	本年累计金额
一、经营活动产生的现金流量：		
销售商品、提供劳务收到的现金		
收到的税费返还		
收到其他与经营活动有关的现金		
经营活动现金流入小计		
购买商品、接受劳务支付的现金		
支付给职工以及为职工支付的现金		
支付的各项税费		
支付其他与经营活动有关的现金		
经营活动现金流出小计		
经营活动产生的现金流量净额		
二、投资活动产生的现金流量：		
收回投资收到的现金		
取得投资收益收到的现金		
处置固定资产、无形资产和其他长期资产收回的现金净额		
处置子公司及其他营业单位收到的现金净额		
收到其他与投资活动有关的现金		
投资活动现金流入小计		
购建固定资产、无形资产和其他长期资产支付的现金		
投资支付的现金		
取得子公司及其他营业单位支付的现金净额		
支付其他与投资活动有关的现金		
投资活动现金流出小计		
投资活动产生的现金流量净额		
三、筹资活动产生的现金流量：		
吸收投资收到的现金		
取得借款收到的现金		
收到其他与筹资活动有关的现金		
筹资活动现金流入小计		
偿还债务支付的现金		
分配股利、利润或偿付利息支付的现金		
支付其他与筹资活动有关的现金		
筹资活动现金流出小计		
筹资活动产生的现金流量净额		
四、汇率变动对现金及现金等价物的影响		
五、现金及现金等价物净增加额		
加：期初现金及现金等价物余额		
六、期末现金及现金等价物余额		

图9-8 现金流量表

9.4.2 如何编制现金流量表

现金流量表的编制要分经营活动产生的现金流量、投资活动产生的现金流量和筹资活动产生的现金流量，具体内容的编制说明如表9-8所示。

表9-8

项目		内容	会计科目依据
经营活动	销售商品、提供劳务收到的现金	销售商品、提供劳务收到的现金（含销项税额、销售材料的价款以及代购代销业务收到的现金）	主营业务收入、应收账款、应收票据、预收账款、库存现金、银行存款等
	收到的税费返还	返还的增值税、消费税、关税、所得税、教育费附加	应交税费、税金及附加、补贴收入、库存现金、银行存款等
	收到其他与经营活动有关的现金	罚款收入、个人赔偿、经营租赁收入等	营业外收入、其他业务收入、库存现金、银行存款等
	购买商品、接受劳务支付的现金	购买商品、接受劳务支付的现金（含进项税额，但要扣除购货退回的金额）	库存商品、原材料、应付账款、应付票据、预付账款等
	支付给职工以及为职工支付的现金	支付给职工的工资、奖金、津贴、劳动保险费、社会保险费、住房公积金、其他福利费（不含离退休人员）	应付职工薪酬、应付职工福利费、库存现金、银行存款等
	支付的各项税费	本期实际缴纳的增值税、消费税、关税、所得税、教育费附加、矿产资源补偿费等各项税费（不含计入资产的耕地占用税）	应交税费、税金及附加（印花税）、库存现金、银行存款等
	支付其他与经营活动有关的现金	罚款支出、差旅费、业务招待费、保险费支出、经营租赁支出等	制造费用、销售费用、管理费用、其他业务成本等
投资活动	收回投资收到的现金	短期股权、短期债权、长期股权及长期债权的本金（不含应付利息、非现金资产）	长期股权投资、应付债券、库存现金、银行存款等
	取得投资收益收到的现金	收到的股利、利息、利润（不含股票股利）	投资收益、库存现金、银行存款等

续上表

项目		内容	会计科目依据
投资活动	处置固定资产、无形资产和其他长期资产取得的现金净额	处置固定资产、无形资产、其他长期资产收到的现金（包括保险赔偿），减去处置费用后的净额；负数在“收到其他与投资活动有关的现金”项目中反映	固定资产清理、库存现金、银行存款
	收到其他与投资活动有关的现金	收回购买时宣告但未付的股利及利息	应收股利、应收利息、库存现金、银行存款等
	购建固定资产、无形资产和其他长期资产支付的现金	购建固定资产、无形资产、其他长期资产支付的现金，分期购建资产首期付款（不含后期付款、利息资本化部分、融资租入资产租赁费，这些应在筹资活动中反映）	固定资产、在建工程、无形资产等
	投资支付的现金	进行股权性投资、债权性投资支付的本金及佣金、手续费等附加费	长期股权投资、长期债权投资、库存现金、银行存款等
	支付其他与投资活动有关的现金	支付发行股票时宣告但未付的股利及利息	应付股利、应付利息等
筹资活动	吸收投资收到的现金	发行股票、债券等收入净值（扣除发行费用，不含直接支付的审计费、咨询费等，这些在其他筹资活动中反映）	实收资本、应付债券、库存现金、银行存款等
	取得借款收到的现金	举借各种短期借款、长期借款收到的现金	短期借款、长期借款、库存现金、银行存款等
	收到其他与筹资活动有关的现金	接受现金捐赠等	资本公积、库存现金、银行存款等
	偿还债务支付的现金	偿还借款本金、债券本金支出的现金（不含利息）	短期借款、长期借款、应付债券、库存现金、银行存款等
	分配股利、利息、利润的现金	支付给其他单位的股利、利息和利润	应付股利、应付利息、财务费用、库存现金、银行存款等
	支付其他与筹资活动有关的现金	捐赠支出、融资租赁支出、企业直接支付的发行股票或债券的审计、咨询等费用	长期应付款等

根据上表内容，可以将现金流量表的大部分数据填列出来，但其余的数据需要经其具体的计算得来，下面是经营活动现金流量中的几个必要公式。

经营活动销售商品或提供劳务收到现金=主营业务收入+增值税销项税额+其他业务收入（不含租金）+应收账款（初-末）+应收票据（初-末）+预收账款（末-初）+本期收回前期核销坏账（本期收取本核销的不考虑）-本期计提的坏账准备-本期核销坏账-现金折扣-票据贴现利息支出-视同销售的销项税额+收取的补价等

经营活动购买商品或接受劳务支付的现金=主营业务成本+增值税进项税额+其他业务成本（不含租金）+存货（末-初）+应付账款（初-末）+应付票据（初-末）+预付账款（末-初）+存货损耗+工程领用、投资、赞助的存货-收到非现金抵债的存货-成本中非物料消耗（人工、水电、折旧）-接受投资、捐赠的存货-视同购货的进项税额+支付的补价等

支付各项税费的现金=所得税+税金及附加+已交增值税等

由此可见，现金流量表要先通过分析，然后再筛选出符合条件的数据进行计算填列，且所有填写规则要以收付实现制为基础。

为了能更深入地了解企业各方面的现金流量情况，财会人员要掌握一些基本的现金流量表分析方法，这就要从掌握该表的结构及特点开始，分析其内部构成，然后结合利润表和资产负债表进行综合分析，以便能全面、客观地评价企业的财务状况和经营成果，实际分析时可从以下几方面着手。

◆ 经营活动产生的现金流量分析

用销售商品、提供劳务收到的现金除以购进商品、接受劳务付出的现金，在企业经营正常、购销平衡的情况下，比率较大，说明企业销售利润较大，销售回款情况良好，创现能力较强。

用销售商品、提供劳务收到的现金除以经营活动现金流入小计，反映

企业产品销售获得的现金占经营活动流入现金总额的比重，比重越大，说明企业主营业务突出，营销状况良好。

另外，将本期经营活动现金净流量与上一期经营活动现金净流量做比较，增长率越高，说明企业发展能力越好。

◆ 投资活动产生的现金流量分析

当企业扩大规模或开发新的利润增长点时，需要投入大量的现金，此时投资活动产生的现金流入量远不及流出量，投资活动现金净流量就表现为负数，但若企业投资有效，将会在未来产生现金净流入用于偿还债务，创造收益，企业便不会有偿债困难。因此分析投资活动现金流量时应结合企业的投资项目前后期情况，不能简单地看现金是净流入还是净流出。

◆ 筹资活动产生的现金流量分析

一般来说，筹资活动产生的现金净流量越大，企业面临的偿债压力也越大，但如果现金净流入量主要来自于企业吸收的权益性资本，则不仅不会面临偿债压力，反而说明资金实力较强。因此在分析筹资活动的现金流量情况时，可将吸收权益性资本收到的现金与筹资活动现金总流入比较，占比越大，说明企业资金实力越强，财务风险越低。

◆ 现金流量构成分析

首先计算经营活动现金流入、投资活动现金流入和筹资活动现金流入等分别占现金总流入的比重，了解现金流入的主要来源。一般来说，经营活动现金流入占现金总流入比重大的企业，经营状况较好，财务风险较低，现金流入结构较合理。其次，计算经营活动现金支出、投资活动现金支出和筹资活动现金支出等分别占现金总流出的比重，了解企业的现金用在了哪些方面及具体使用数额。一般来说，经营活动现金支出比重大的企业，生产经营状况较正常，现金支出结构较合理。

第10章

合理归档做到有案可查

会计档案指会计凭证、会计账簿和会计报表等会计核算的专业资料，是记录和核算经济业务的重要历史资料和证据，也是各单位的重要档案之一，所以应做到合理归档，从而保证会计档案的安全、完整。

10.1 会计凭证的传递

会计凭证的传递指会计凭证从取得或填制开始，到归档保管为止，在单位内部有关部门和人员之间传递的过程。要使该传递过程合理有效，且尽可能节约传递时间、减少传递的工作量，就要求企业制定完善的内部控制制度。

10.1.1 会计凭证传递的意义

会计凭证的传递工作是否正确、合理，关系着财会人员登记经济业务的及时性，另外还具有以下一些重要的意义。

- 通过会计凭证的传递，可协调单位内部各部门、各环节的工作，加强经营管理的岗位责任制。
- 通过会计凭证的传递，可记录各项经济业务的发生及完成情况，可调动有关部门及相关职工的工作积极性，从而为后续编制财务报表的工作打下坚实的基础。
- 通过会计凭证的传递，可帮助财会人员精准地组织经济活动，切实贯彻岗位责任制，把本单位的各有关部门和人员的工作内容紧密联系起来，真正实现分工协作、互相监督和制约。
- 通过会计凭证的传递，在工作上起到相互牵制和监督作用，督促各有关部门和人员及时、准确地完成各项工作任务，并按规定处理好各种凭证的相关手续，切实地发挥会计的监督作用。

10.1.2 会计凭证传递的要素和作用

实务中，会计凭证之所以需要进行传递，是因为企业每发生一项经济业务，就可能需要设置若干个岗位甚至部门来分工完成相应的工作，为了保证业务记录的完整性，就需要在这些岗位或部门之间传递会计凭证。

（1）会计凭证传递的要素

在进行会计凭证的传递时，要重视3个要素：传递路线、传递时间和传递手续，具体说明如表10-1所示。

表10-1

要素	内容
传递路线	各单位应根据自身经济业务的特点，结合组织结构、人员分工情况以及经营管理需求等，明确规定会计凭证的传递流程和路线，既要使会计凭证经过必要的审核处理环节，又要避免会计凭证一些不必要的环节，因此要制定出一条或多条简捷、合理的传递路线
传递时间	指各种会计凭证在各经办部门或各工作环节需要停留的最长时间。单位在控制并确定会计凭证的传递时间时，必须考虑各部门和有关人员在正常情况下办理经济业务所需的合理时间，防止时间过短无法处理完必要的凭证手续，或者时间过长导致凭证被拖延处理而发生积压现象。另外，一切会计凭证的传递都应在报告期内完成，避免影响会计核算的及时性
传递手续	通常指会计凭证在传递过程中的一些衔接手续，这些手续的办理应简便易行且严谨齐备，以保证会计凭证的安全与完整。比如，会计凭证的收发、交接等工作都应制定相应的管理制度

（2）会计凭证传递的作用

会计凭证的传递是企业管理中的重要组成部分之一，传递程序是否科学，将直接影响财会人员的工作效率。工作中会计凭证的传递有如下所示的两大作用。

- **有利于及时进行会计记录：**同一项经济业务要经过不同的会计处理，最终形成对企业和其他有关各方有用的会计资料。而这些不同的会计处理都需要在前述会计处理的基础上进行再加工，因此形成了会计凭证的传递程序。通过会计凭证的传递，可督促财会人员及时记录经济业务，并进行相应的会计核算。

◆ **有利于完善经济责任制度：**会计凭证的传递涉及到各种各样的经办人，这些经办人共同负责会计凭证的真实性、正确性和完整性，以此明确各自的经济责任，从而反映企业经济责任制度的执行情况，有利于企业管理者借此完善经济责任制度，使各项经济业务的处理能更顺利地进行。

10.2 会计档案的分类、装订和销毁

作为企业的员工，尤其是财会人员，不仅要做好日常的会计凭证传递工作，还要求能对包括会计凭证在内的所有会计档案进行分类整理及装订，同时还要能按规定程序销毁或保管期届满的会计资料。

10.2.1 会计档案的定义、特点及保管期限

会计档案是对一个单位所有经济活动的记录和反映，从小范围来说，它是各单位的重要档案之一，可让管理者和有关各方了解单位的每项经济业务的来龙去脉；从大方向看，它是国家档案的重要组成部分，为国家及有关行政管理单位提供详尽的经济资料，为国家制定宏观经济政策提供参考数据，同时有利于财政、税务和工商等部门检查单位是否遵守财经纪律，会计核算工作中是否存在弄虚作假、违法乱纪等行为。

《会计法》规定：各单位应对会计凭证、会计账簿、财务会计报告和其他会计资料建立档案，并妥善保管。会计档案的保管期限和销毁办法，

均由国务院财政部门会同有关部门制定。

（1）会计档案的特点

会计档案涉及众多的经营数据，因此具有自身的一些特点，具体表现在如图10-1所示的3个方面。

存在范围广

凡是具备独立会计核算能力的单位，都要形成会计档案，如国家机关、社会团体、企事业单位以及按规定应建账的个体工商户和其他组织。

类型一致

虽然因为行业的不同，在具体的会计处理方法上会有区别，但任何单位最终形成的会计档案只会是会计凭证、会计账簿以及财务会计报表等。同时核算的内容也是相似的，差别只在于会计科目的名称不同。

外观形式多样

由于经济业务的性质比较多样化，因此根据经济业务性质设计的会计档案的外形会相应地表现出多样化。比如，会计账簿有订本账、活页账和卡片账之分；资产负债表有账户式和报告式之分。

图10-1 会计档案的特点

（2）会计档案的保管期限

根据会计档案的重要程度及性质特点，可将其保管期限分为永久保管和定期保管两类。永久保管的档案需长期保存，换句话说，是不可以销毁的；定期保管的档案有不同的保管期限，有5年、10年和30年之分。

各种会计档案的保管期限应从每一个会计年度终了后的第一天起算。

《会计档案管理办法》规定了中国企业和其他组织、预算单位等的会计档案保管期限，该办法规定的一般企业会计档案保管期限为最低保管期限，具体规定如表10-2所示。

表10-2

保管期限	会计档案
永久保存	年度决算财务会计报告、会计档案保管清册、会计档案销毁清册、会计档案鉴定意见书以及其他需要永久保管的档案
30年	原始凭证、记账凭证、总账、明细账、日记账、其他辅助性账簿和会计档案移交清册
10年	月度、季度、半年度财务会计报告，银行存款余额调节表，银行对账单以及各税种的纳税申报表等
5年	企业和其他组织的固定资产卡片账应从固定资产清理后保管5年

10.2.2 会计档案的分类、保管及销毁

各单位的财务部门要按照相关规定和要求，对历年形成和积累的会计档案进行分类整理、立卷并归档，而档案管理部门则要向财务部门给予协助，以便完成会计档案的分类归档工作。

（1）会计档案的分类

在会计上，会计档案可以分为4大类，每一种分类又包含不同的类型，如表10-3所示。

表10-3

类型	内容
凭证类	原始凭证、记账凭证
账簿类	总账、明细账、日记账、固定资产卡片和其他辅助性账簿
财务报告类	各级主管部门汇总财务会计报，月、季度财务会计报告（包括所属单位月、季度财务会计报告），年度财务会计报告（决算）
其他类	会计档案移交清册、会计档案保管清册、会计档案销毁清册、银行存款余额调节表、银行对账单和纳税申报表等

（2）会计档案的保管

由前述内容可知，会计档案一般包括会计凭证、会计账簿、会计报表以及其他会计核算资料等4个类型。对于不同的会计档案，财会人员要学会不同的装订和保管，相关内容如下。

- **会计档案的整理立卷：**会计年度终了后，财会人员要按照统一的分类标准、档案形成标准和管理要求，分类整理各会计档案并立卷，然后对各卷进行顺序编号。
- **会计档案的装订：**主要包括会计凭证、会计账簿、会计报表及其他文字资料的装订，装订时要严格按照装订要求执行，页次顺序要正确，每本或每卷要墩齐，装订时不能遮盖住会计档案的记录，装订处要压紧，防止单页会计资料掉落、遗失。
- **会计档案的保管：**《会计档案管理办法》规定，当年的会计档案要在会计年度终了后，暂由本单位财务会计部门保管一年，期满之后原则上应由财务会计部门编制《会计档案移交清册》移交本单位的档案部门保管。编制的移交清册中应列明应移交的会计凭证、会计账簿、会计报表、印章、现金、有价证券、支票簿、发票和文件等信息，同时还需保留相应的实物。实行会计电算化的单位，从事该项工作的移交人员还应在移交清册中列明会计软件名称及登录密码、会计软件数据磁盘及有关资料、实物等内容。

（3）会计档案的销毁

各单位应定期对已超过保管期限的会计档案进行鉴定。先由财会部门和档案管理部门的领导负责成立鉴定小组，然后由熟悉业务的会计人员具体实施会计档案鉴定工作，档案管理人员协助指导。

鉴定工作结束后，相关人员应出具会计档案鉴定报告，对确实没有保存价值的会计档案提出销毁申请，同时编制《会计档案销毁清册》，列明所有需要申请销毁的会计档案，上报核准后才能予以销毁。实务中，会计档案的销毁有以下一些规定。

◆ 会计档案保管期满后需要销毁时，由本单位档案管理部门会同财务部门共同提出档案销毁意见，再会同财务部门共同鉴定、严格审查，编造《会计档案销毁清册》，上报批准后予以销毁。

◆ 机关、团体、事业单位和非国有企业的会计档案要销毁时，报本单位领导批准后销毁；国有企业经本单位的领导审查后，还要报请上级主管单位批准，同意后才能销毁。

◆ 会计档案保管期满，但其中有未了结的债权债务的原始凭证，应单独抽出这些原始凭证另行立卷，由档案管理部门保管到结清债权债务时为止，才可申请销毁；而建设单位在建设期间的会计档案，即使保管期限已届满，也不得销毁。

◆ 任何单位在销毁档案前，应按《会计档案销毁清册》所列的项目逐一清查核对。各级主管部门销毁会计档案时，应由同级财政部门、审计部门派员参加监销工作；财务部门销毁会计档案时，应由同级审计部门派员参加监销工作。会计档案销毁后，经办人员需在《会计档案销毁清册》上签章，注明“已销毁”字样和销毁日期，以示负责，同时将监销情况写出一式两份的书面报告，一份报本单位领导审查，一份归入档案保存，以备日后查账。

第11章

及时准确履行纳税义务

纳税申报指纳税人按照税法规定的期限和内容向税务机关提交有关纳税事项书面报告的法律行为，是税务机关获取税收管理信息的途径，也是税务管理的一项重要制度。纳税申报是纳税人履行纳税义务、承担法律责任的必要工作。

11.1 国家税控的工具：发票管理

发票是税务管理工作中的一种有效工具，它指在购销商品、接受或提供劳务以及从事其他经营活动中，由销货方开具给购货方的票据，但是在一些特殊经济业务中发票由购货方向销货方开具。

11.1.1 如何领购发票

增值税发票记录的内容包括向购买者提供产品或劳务、服务等的名称、质量和交易价格等。有自行开具发票资格的纳税人，需要向指定机构领购发票。发票领购是指纳税人根据税务机关核定的发票数量和税种申请购买发票的过程。发票的适用范围如图11-1所示。

发票领购的适用范围

- 依法办理税务登记的单位和个人，是法定的发票领购对象。
- 依法不需要办理税务登记的单位，发生临时经营业务需要使用增值税发票的，可以凭单位介绍信和其他有效证件，到税务机关申请代开发票。
- 临时到省、自治区、直辖市外的地方从事经营活动的单位或个人，凭《外出经营管理证明》到经营地税务机关领购经营地发票。

图11-1 发票领购的适用范围

发票需要按照一定的要求进行领购，具体的操作如下所示。

◆ 新开业的纳税人需要领用发票的，应填写《发票领购簿申请审批表》，提出购票申请并提供经办人身份证明、单位介绍信、五证合一的营业执照或其他有关证明以及发票专用章的印模。主管税务机关负责审核，对资料齐全且符合规定的，发给发票领购簿，并按照发票领购簿核准的种类、数量以及购票方式，少（限）量供应，即刻发放；对资料不齐全或资料不符合规定的，主管税务机关应当场或者在5日内一次性告知需纳税人补正的全部申请资料。

◆ 其他省、自治区、直辖市来本辖区从事临时经营活动需要领购发票的纳税人，凭生产经营所在地主管税务机关签发的《外出经营活动税收管理证明》，比照上述新开业纳税人申领发票的程序和资料，向外出经营地税务机关申领《发票领购簿》，并提供担保人及担保书，或者根据所领购发票的票面限额及数量缴纳不超过一万元的保证金后，方可领购发票。

◆ 需重新启用因停业而被主管税务机关收回的未使用完的发票、发票领购簿和发票专用章的，纳税人应先提出复业登记申请，经主管税务机关审核后发还未使用完的发票、发票领购簿和发票专用章。

购票申请应写明单位名称或个人姓名、所属行业、经济类型以及需要的发票种类、名称和数量等内容，并加盖单位公章和经办人印章。

11.1.2 怎样填开发票

发票开具指按照法律、法规的规定签发发票。发票的开具可证明商品和资金所有权的转移情况，也可作为会计核算和税收管理的依据。因此，开票方要严格按照开票流程开具发票，如图11-2所示的是增值税专用发票的开具步骤。

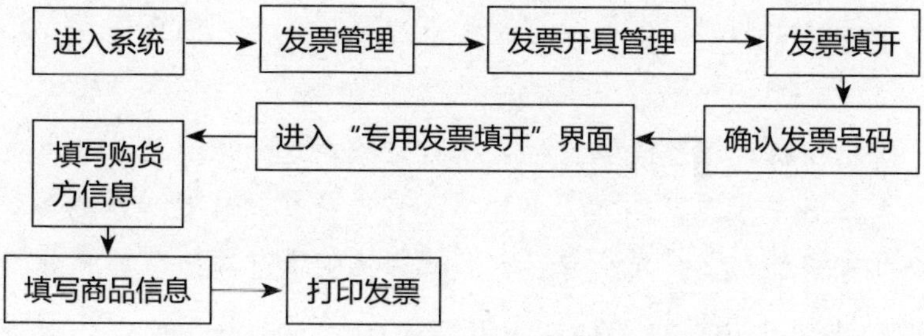

图11-2 增值税专用发票的开具步骤

开具发票这一行为，可以实现发票的使用价值，反映经济业务活动的具体内容。发票开具是否真实、完整且正确，直接关系到发票管理工作的效果。因此，纳税人开具发票时应遵循如表11-1所示的原则。

表11-1

原则	内容
“都开”原则	单位和个人一旦发生销售商品、提供服务以及从事其他经营活动，且收取了相应的款项，收款方均应向付款方开具增值税发票；在废旧物资收购和农副产品收购等特殊经济业务中，由收购方（付款方）开具增值税发票
“都要”原则	所有单位和从事生产、经营活动的个人在购买商品、接受服务以及从事其他经营活动支付款项时，都应向收款方索要发票。而开具发票的一方要向收取发票的一方提出禁止性规定，如不得更改商品名称和商品金额等

11.1.3 税务机关为何进行发票管理

要想发挥发票管理的作用，就需遵循有效管理、统一领导和分级管理等原则。发票管理的作用具体如下所示。

- **促使企业正确核算，加强财务监督**：根据发票的使用原则而规定的发票填开及取得要求，可实时监督控制企事业单位填开或取得发票的行为，保证发票填开或取得的合法性、真实性和正确性，进而促使企事业单位进行正确的会计核算。
- **保护合法经营，维护社会经济秩序**：加强发票的管理，可有效防止不法分子利用发票偷逃税款、贪污挪用公款、行贿受贿、铺张浪费和假公济私等违法、违纪行为，进而维护社会经济秩序。
- **控制税源、堵塞漏洞、强化税收征收管理**：国家税收收入是财政收入的主要来源，加强发票管理，可保证税款征收和税务稽查的依据是合法、合理且完整的，进而控制税收来源，堵塞征管漏洞。

发票管理是指税务机关依法对发票的印制、领购、使用、保管、检查及违法处理的全过程进行筹划、组织、监督和控制所开展的各项活动的总称，也是税收管理的重要组成部分。发票管理的基本特征如图11-3所示。

发票管理的特征

- 发票管理的主体是税务机关。
- 发票管理必须由税务机关依法进行。
- 发票管理是与发票相关的各项活动的总称，涉及发票从开具到保管的全过程。
- 发票管理和税收管理都与企事业单位的财务管理有着紧密的联系，且发票管理是最基础的管理工作。

图11-3 发票管理的特征

11.2 主要税种的纳税申报流程

不同的税种，其纳税申报流程存在一些细微的差别。然而，具体的申报方式都大同小异。任何税种在进行纳税申报前，都应准备好相应的税务材料，以供税务机关审查。本节将具体讲解一些常见税种的纳税申报工作。

11.2.1 纳税申报前的准备

纳税人、扣缴义务人的纳税申报表或代扣代缴、代收代缴税款报告表中应包括：税种，税目，应纳税项目或者应代扣代缴、代收代缴税款项目，适用税率或者单位税额，计税依据，扣除项目及标准，应纳税额或者应代扣代缴、代收代缴税额以及税款所属期限等内容。

任何税种，纳税申报的方式都有直接申报、网上申报、邮寄申报和数字电文申报等。

（1）直接申报

直接申报也称上门申报，指纳税人和扣缴义务人在规定的申报期限内，自行到税务机关指定的办税服务场所报送纳税申报表、代扣代缴或代收代缴报告表及有关资料的申报方式。

（2）邮寄申报

邮寄申报是指经税务机关批准，纳税人、扣缴义务人使用统一的纳税申报专用信封，通过邮政部门办理交寄手续，并以邮政部门的收据作为纳税申报凭据的一种申报方式。邮寄申报的流程如图11-4所示。

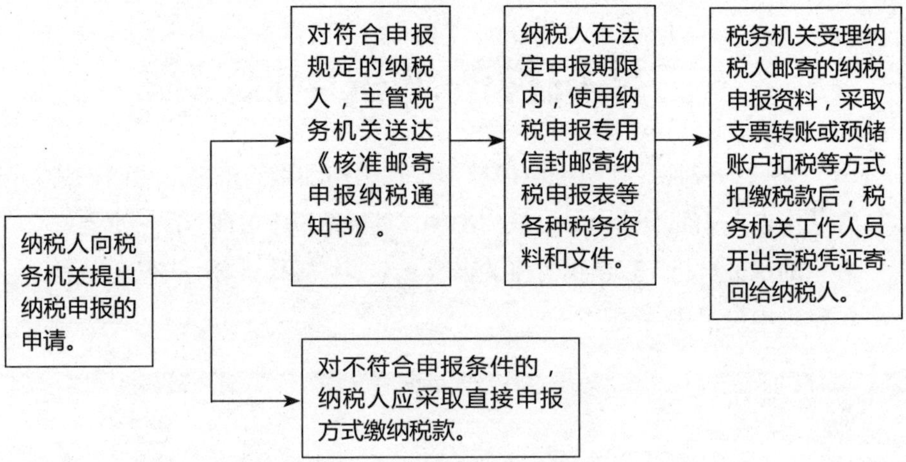

图11-4 邮寄申报的流程

（3）网上申报

网上纳税申报是指经税务机关批准，纳税人使用网上纳税申报软件，通过网络或专线接入等形式与国税局报税服务器连接，直接办理各税种的纳税申报工作。

一般来说，网上申报都属于自行申报范围，而直接申报和邮寄申报可能是代理申报，具体说明如下。

- **自行申报**：适用于拥有计算机网络通讯设备，并能够自行将有关申报数据资料输入电脑，然后通过互联网办理纳税申报的纳税人。
- **代理申报**：适用于不具备自行申报条件，自愿委托中介机构代为办理网上纳税申报的纳税人。

除此之外，一些不具备自行申报条件、生产经营规模较小以及纳税申报数据相对较简单的纳税人，可以根据实际需要，采取其他纳税申报方式。

（4）简易申报

简易申报指实行定期定额缴纳税款的纳税人，以缴纳税款凭证代替纳税申报并可简并征期的一种申报方式。这种申报方式为纳税人申报纳税提供了便利，同时还能减少税务机关征收税款的成本。

11.2.2 纳税申报的资料和方法

纳税申报所需填报和报送的资料包括综合纳税申报表、特殊税种纳税申报表和代扣代缴、代收代缴税款报告表，以及随纳税人申报表附报的财务报表和税务机关根据实际需要要求纳税人报送的其他纳税资料。纳税人和扣缴义务人在发生纳税义务和代扣代缴、代收代缴税款义务后，应在申报期限内，按纳税申报表的内容逐项如实填写，并随附规定的附报材料，做好纳税申报工作。

（1）增值税申报

一般纳税人在征期内进行增值税纳税申报的，还应分有税控设备和无税控设备两种情形，具体申报流程如图11-5所示。

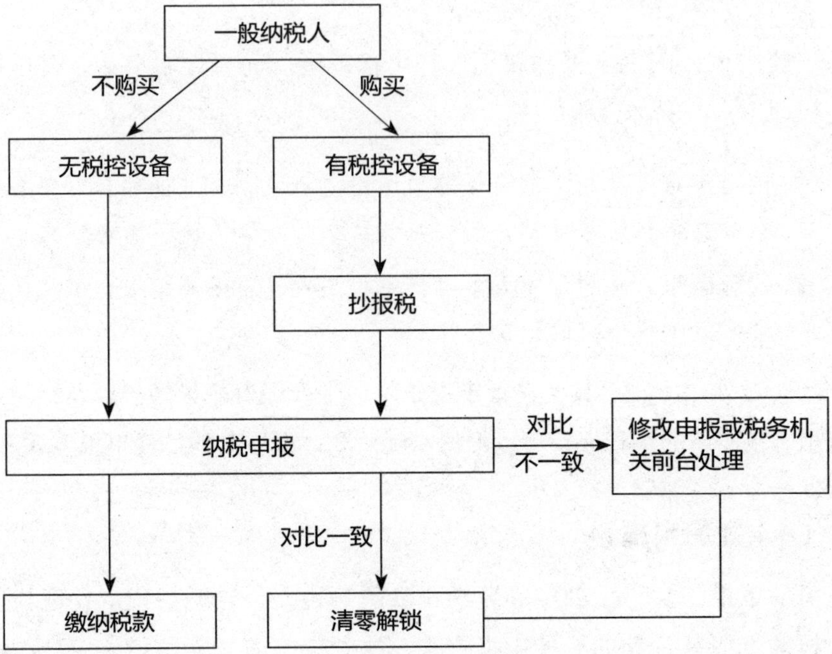

图11-5 增值税申报流程

针对上图所示的增值税申报流程，我们需要了解其中一些流程的具体操作，如下所示。

◆ **抄报税**：纳税人在征期内登录开票软件抄税，并在网上或到办税厅上传单位上月开具的发票数据。

◆ **纳税申报**：纳税人登录网上纳税申报软件进行网上申报。网上申报成功后通过税银联网系统实时扣缴税款。

◆ **清零解锁**：纳税申报成功后，纳税人返回开票系统，按照规定操作对税控设备进行清零解锁。

（2）企业所得税申报

企业所得税是对我国内资企业和其他在境内从事经营活动的单位的生产经营所得和其他所得征收的一种税。

◆ 纳税年度

正常情况下，一个纳税年度是指公历1月1日起至12月31日止。如果纳税人在一个纳税年度中间开业，或由于合并、歇业等原因，使该纳税年度的实际经营期间不足12个月的，应以实际经营期为一个纳税年度。纳税人清算时，应将清算期间单独作为一个纳税年度。

◆ 纳税申报

企业所得税按月或按季申报、预缴。无论企业当期经营是盈利还是亏损，都应从月度或季度终了之日起15日内，向主管税务机关报送《预缴企业所得税纳税申报表》，申报并预缴税款。年度终了之日起5个月内，向主管税务机关报送《年度企业所得税纳税申报表》，同时进行汇算清缴，结清应补缴或退还的税款。

企业应按规定，在报送《企业所得税纳税申报表》的同时附送财务会计报告和其他有关资料。如果纳税人在规定申报期内申报纳税确有困难的，可报经主管税务机关批准，延期申报。

◆ 缴纳方式

为了保证税款及时且均衡地收入国库，相关法律法规规定企业所得税采取按年计算、分期预缴、年终汇算清缴的办法。纳税人在分期预缴时应按所在纳税期间实际应预缴数进行预缴，实际数额预缴有困难的，可按照上一年度应纳税所得额的1/12或1/4，或者经当地主管税务机关认可的其他发方法分期预缴。但预缴方法一经确定，不得随意更改。

◆ 纳税期限

按月度或季度预缴税款的纳税人，预缴期限应为月度或季度终了后的15日内向主管税务机关申报纳税并预缴税款。其中，第四季度的税款也应于季度终了后15日内先进行预缴，然后在年度终了后45日内进行年度申报，税务机关在5个月内进行汇算清缴，多退少补。

◆ 纳税地点

除国家另有规定外，企业所得税由纳税人在其所在地（实际经营管理地）主管税务机关就地缴纳，但很多企业实行直接自动划扣税款。

（3）个人所得税

各地政府在不同时期对个人应纳税收入的定义和征收的百分比不尽相同，其中还要看收入来源，来源不同，征收百分比也会不同。

个人所得税的纳税申报方式有自行申报和单位代扣代缴两种。

◆ 个人自行申报方式

个人纳税人即可采取数据电文方式和邮寄申报方式进行个人所得税的纳税申报，也可直接到主管税务机关的办税大厅进行，还可以委托有税务代理资质的中介机构或他人代理申报，或者也可以采取符合主管税务机关规定的其他方式申报。年所得12万元以上的纳税人，年度纳税申报时，需要根据一个纳税年度内的所得、应纳税额、已缴（扣）税额、抵免（扣）税额和应补（退）税额等情况，如实填写并报送《个人所得税纳税申报表（适用于年所得12万元以上的纳税人申报）》、个人有效身份证件复印件以及主管税务机关要求报送的其他有关资料。

◆ 单位代扣代缴申报方式

单位代扣代缴申报是指员工个人无需办理个人所得税纳税申报，而由所在单位每月按时替所有员工统一申报，此时又可进行网上申报或直接申报。如图11-6所示的是单位代扣代缴个人所得税的操作步骤。

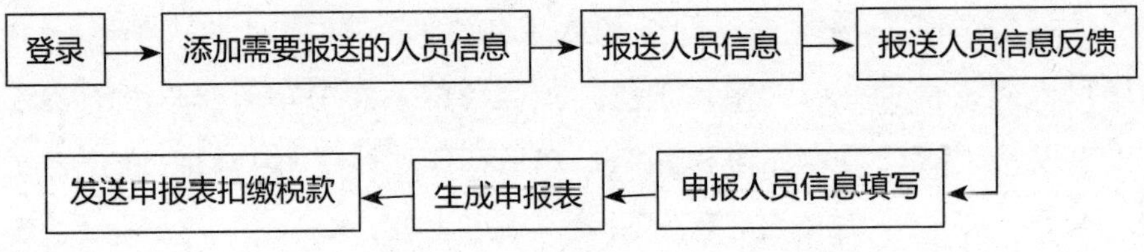

图11-6 单位代扣代缴个人所得税的步骤

单位代扣代缴申报方式的申报期一般为次月1日起至15日止。要注意的是，新的个税扣缴系统和公安系统联网，新增自然人身份信息比对验证功能，申报之前需先报送人员信息和获取人员信息反馈，否则将无法申报个税，这是新旧流程的区别。另外，税收新规还规定个税也要汇算清缴。

11.3 汇算清缴工作的介绍

在进行企业所得税汇算清缴时，先由纳税人自行计算出本年度应纳税所得额和应缴所得税额，然后根据预缴税款的情况，计算出全年应补、应退税额，最后填写纳税申报表，在税法规定的申报期内向主管税务机关进行年度纳税申报。经税务机关受理并审核后，办理结算税款手续。当然这些工作也可交由专门的税务代理公司完成。

11.3.1 汇算清缴的基本概述

根据现行所得税法的规定，凡是财务会计制度健全、账目清楚，成本资料、收入凭证和费用凭证齐全，会计核算规范，能正确计算应纳税所得额，且经税务机关认定适用查账征收的企业，均应在年终时进行所得税的汇算清缴。汇算清缴适用对象具体包括如下一些。

- **实行独立经济核算，依法缴纳企业所得税的内资企业或组织：**包括国有企业、集体企业、私营企业、联营企业、股份制企业及有生产、经营所得和其他所得的组织。
- **外商投资企业和外资企业：**包括在中国境内设立的中外合资经营企业、中外合作经营企业和外资企业，以及在中国境内设立机构、场所并从事生产、经营和虽未设立机构、场所，但有来源于中国境内所得的外国企业和其他经济组织。

- **个人独资企业和合伙企业投资者：** 包括依法登记成立的个人独资企业、合伙企业，独资、合伙性质的私营企业，合伙制律师事务所，以及经政府有关部门依照法律法规批准成立的负无限责任和无限连带责任的其他个人独资、个人合伙性质的机构或组织。

11.3.2 汇算清缴的程序

企业应以会计核算为基础，以税收法规为依据，开展企业所得税的汇算清缴工作。具体的汇算清缴程序如图11-7所示。（该程序账务处理见12章）

1.填写纳税申报表并附送相关材料

纳税人在年度终了后45日内以财务报表为基础，自行进行税收纳税调整并填写《企业年度纳税申报表》及其附表（包括纳税调整项目表、减免项目表、联营企业分利、股息收入纳税表等），持这些资料向主管税务机关办理年度纳税申报

2.税务机关受理申请，并审核报送的材料

主管税务机关受理纳税人的申请，审核报表、税目和税率等，确认无误后确定企业当年度应纳所得税额及应补缴的企业所得税款，或对纳税人多缴的企业所得税款进行退还或抵顶下年度企业所得税

3.自查纳税错误，调整应纳税额

纳税人在年度终了后45日内办理了年度纳税申报后，如果发现申报出现了错误，要根据《企业所得税汇算清缴管理办法》等法律的相关规定重新申报。而在汇缴期内税务机关检查之前自行检查发现申报不实的，可以填报《企业所得税自查申报表》，向主管税务机关主动申报纠正错误，税务机关据此调整其全年应纳所得税额及应补、应退税额

4.结清税款

纳税人根据主管税务机关确定的全年应纳所得税额及应补、应退税额，在年度终了后5个月内结清税款

图11-7 汇算清缴的程序

第12章

赫裕公司2019年12月账务处理实操

账务处理包括从填制、审核和整理各种原始凭证和记账凭证到登记日记账、明细分类账和总分类账。本章案例分析包括账务处理的每一个环节，让你从整体上把握财务的处理。

12.1 12月份发生的经济业务

一个企业发生的经济业务包括有关资产和有关负债的经济业务，涉及资产、负债的业务大多数是日常经营业务，在日常经营业务中又涉及销售等业务。已知公司为增值税一般纳税人，税率为13%。

【例1】公司收到一笔短期借款

2019年12月1日王红借给赫裕公司一笔为期11个月210 000元的短期借款，该笔借款已存入银行。公司编制如下所示会计分录。

借：银行存款　　　　　　　　　　　　　210 000
　　贷：短期借款——王红　　　　　　　　　　210 000

【例2】公司购进一台需要安装的加工食品的设备

2019年12月3日，由于加工的食品需求量增大，公司决定购进一台加工设备，收到的专用发票注明设备买价为150 000元，增值税税额为19 500元，支付安装费5 000元，当天就达到预定可使用状态。公司编制如下所示会计分录。

借：在建工程　　　　　　　　　　　　　155 000
　　应交税费——应交增值税（进项税额）　19 500
　　贷：银行存款　　　　　　　　　　　　　　174 500
借：固定资产　　　　　　　　　　　　　155 000
　　贷：在建工程　　　　　　　　　　　　　　155 000

【例3】公司购买甲辅料

2019年12月4日，公司在小刘副业处购买甲辅料一批，买价15 000元，增值税税额1 950元，款项尚未支付，该辅料已验收入库。公司编制如下所示会计分录。

借：原材料——甲辅料　　　　　　　　　15 000
　　应交税费——应交增值税（进项税额）　1 950
　　贷：应付账款——小刘副业　　　　　　　　16 950

【例4】公司收到预付款并销售产品

2019年12月5日，赫裕公司收到好枫公司20 000元预付款，2019年12月7日向好枫公司售出A产品，价款30 000元，增值税税额3 900元，该批A产品的成本25 000元，2019年12月13日收到补款13 900元。公司编制如下所示会计分录。

①收到预付款时。

借：银行存款　　20 000

　　贷：预收账款——好枫公司　　20 000

②2019年12月7日发出A产品时。

借：应收账款——好枫公司　　13 900

　　预收账款——好枫公司　　20 000

　　贷：主营业务收入　　30 000

　　　　应交税费——应交增值税（销项税额）　　3 900

③结转成本时。

借：主营业务成本　　25 000

　　贷：库存商品——A产品　　25 000

④2019年12月13日收到补款时。

借：银行存款　　13 900

　　贷：应收账款——好枫公司　　13 900

【例5】公司支付预付款并购进原材料

2019年12月5日，赫裕公司向红闪公司支付5 000元定金，2019年12月6日收到乙辅料，价款5 500元，增值税额715元，用银行存款补交1 215元。公司应编制如下的会计分录。

①2019年12月5日支付定金时。

借：预付账款——红闪公司　　5 000

　　贷：银行存款　　5 000

②2019年12月6日收到材料并补交货款时。

借：原材料——乙辅料　　5 500

　　应交税费——应交增值税（进项税额）　　715

　　贷：预付账款——红闪公司　　6 215

借：预付账款——红闪公司　　1 215

　　贷：银行存款　　1 215

【例6】核算2019年12月公司生产部门的材料耗用

2019年12月7日，根据各部门的耗用材料分配表得知，生产车间为制造A产品领用甲辅料6 000元，领用乙辅料2 000元，为制造B产品领用甲辅料3 000元，领用乙辅料1 000元，管理部门一般耗用乙辅料1 000元。

甲辅料=6 000+3 000=9 000（元）

乙辅料=2 000+1 000+1 000=4 000（元）

甲公司编制如下所示的会计分录。

借：生产成本——A产品　　　　8 000
　　生产成本——B产品　　　　4 000
　　管理费用　　　　　　　　1 000
　　贷：原材料——甲辅料　　　　9 000
　　　　　　　——乙辅料　　　　4 000

【例7】公司销售一批C产品给町力公司

2019年12月8日，公司销售一批C产品给町力公司，增值税发票注明货款为120 000元，增值税税额为15 600元，该批C产品的成本为80 000元，产品已经发出，但是货款尚未收到。公司编制如下所示的会计分录。

①发出商品时。
借：应收账款——町力公司　　　　135 600
　　贷：主营业务收入　　　　　　　　120 000
　　　　应交税费——应交增值税（销项税额）　　15 600
②结转成本时。
借：主营业务成本　　　　80 000
　　贷：库存商品——C产品　　　　80 000

【例8】公司销售一批D产品给新锌公司

2019年12月8日，赫裕公司销售一批D产品给新锌公司，价款为6 000元，增值税税额为780元，该批D产品的成本为4 000元，2019年12月12日，公司收到新锌公司开出的一张6 780元的商业汇票。公司编制如下所示的会计分录。

①商品发出时。
借：应收账款——新锌公司　　　　6 780
　　贷：主营业务收入　　　　　　　　6 000

应交税费——应交增值税（销项税额）　　　　780

②收到商业汇票时。

借：应收票据——新锌公司　　　　6 780

　　贷：应收账款——新锌公司　　　　6 780

③结转成本时。

借：主营业务成本　　　　4 000

　　贷：库存商品——D商品　　　　4 000

【例9】公司收到町力公司的货款

赫裕公司有现金折扣的优惠政策，现金折扣条件为2/10、1/20、n/30（买家必须在30天内付清货款，10天内付清享受2%的折扣，11～20天内付款享受1%的折扣，20天以上不享受折扣优惠）町力公司2019年12月22日将货款以银行存款的方式付清。已知该现金折扣以含税价款进行核算。

现金折扣金额=135 600×1%=1 356（元）

实际收到货款=135 600-1 356=134 244（元）

公司编制如下所示的会计分录。

借：银行存款　　　　134 244

　　财务费用　　　　1 356

　　贷：应收账款——町力公司　　　　135 600

【例10】公司因经营违规被罚款

2019年12月15日，公司因在经营场所的消防通道内堆放物品，被罚款2 000元，公司以银行存款的方式支付该笔罚款。公司编制如下所示的会计分录。

借：营业外支出——罚款　　　　2 000

　　贷：银行存款　　　　2 000

【例11】公司收到弘页公司的包装物押金

2019年12月17日，赫裕公司售出丙产品一批，丙产品需要包装，所以收到弘页公司包装物押金1 000元。公司编制如下所示的会计分录。

借：库存现金　　　　1 000

　　贷：其他应付款——包装物押金　　　　1 000

【例12】公司将一批甲辅料销售给杏叶公司

2019年12月20日，公司将多余的甲辅料销售给杏叶公司，取得的收入为6 000元，增值税税额为780元，该批甲辅料的成本为3 500元，货款已存入银行。公司编制如下所示的会计分录。

①发出材料时。

借：银行存款　　6 780

　　贷：其他业务收入　　6 000

　　　　应交税费——应交增值税（销项税额）　　780

②结转成本时。

借：其他业务成本　　3 500

　　贷：原材料——甲辅料　　3 500

【例13】公司发放员工12月份工资

赫裕公司2019年12月核定的工资结果是：工资100 000元，社会保险费15 000元，住房公积金18 000元（假设社会保险费和住房公积金都以银行存款方式发放），其中基本生产车间薪酬费用80 000元，车间管理人员薪酬费用为19 800元，行政管理部门人员薪酬费用为33 200元。公司编制如下所示的会计分录。

①发放工资时。

借：应付职工薪酬——工资　　100 000

　　　　　　　　——社会保险费　　15 000

　　　　　　　　——住房公积金　　18 000

　　贷：银行存款　　133 000

②结转工资时。

借：生产成本　　80 000

　　制造费用　　19 800

　　管理费用　　33 200

　　贷：应付职工薪酬　　133 000

【例14】从银行提取现金报销员工费用

2019年12月30日，公司出纳从银行取出3 500元来报销员工费用，行政部章科报销差旅费2 000元，招待客户用餐1 500元。公司编制如下所示的会计分录。

借：库存现金　　3 500

　　贷：银行存款　　3 500

借：管理费用——差旅费　　2 000

——业务招待费　　　　　　　　　　1 500

贷：库存现金　　　　　　　　　　　　3 500

【例15】计提各部门固定资产的折旧

根据各部门的固定资产使用折旧计提表得知，生产车间计提10 000元，管理部门计提5 000元，共计15 000元。公司编制如下所示会计分录。

借：制造费用　　　　　　　　　　10 000

管理费用　　　　　　　　　　5 000

贷：累计折旧　　　　　　　　　　15 000

【例16】结转公司本月的制造费用

公司本月的制造费用为29 800元（19 800+10 000），月度终了时，公司要将制造费用结转到生产成本中。公司编制如下所示的会计分录。

借：生产成本　　　　　　　　　　29 800

贷：制造费用　　　　　　　　　　29 800

【例17】结转公司的生产成本为产成品

公司本月的生产成本为121 800元（8 000+4 000+80 000+29 800），月度终了时，公司要将生产成本结转到库存商品中。公司编制如下所示的会计分录。

借：库存商品　　　　　　　　　　121 800

贷：生产成本　　　　　　　　　　121 800

【例18】公司结转本月的费用收入

2019年12月31日，经过核算后，本月公司的主营业务收入为156 000元（30 000+120 000+6 000=156 000），主营业务成本为109 000元（25 000+80 000+4 000=109 000），财务费用为1 356元，其他业务收入为6 000元，其他业务成本为3 500元，营业外支出为2 000元，管理费用为42 700元（1 000+33 200+3 500+5 000=42 700），将这些费用收入结转到本年利润账户。公司应编制如下会计分录。

①结转各项成本时

借：本年利润　　　　　　　　　　158 556

贷：主营业务成本　　　　　　　　109 000

其他业务成本　　　　　　　　3 500

营业外支出　　　　　　　　　2 000

财务费用　　　　　　　　　　　　　　1 356

管理费用　　　　　　　　　　　　　　42 700

②结转各项收入时。

借：主营业务收入　　　　　　　　156 000

其他业务收入　　　　　　　　　　6 000

贷：本年利润　　　　　　　　　　162 000

③将本年利润结转至利润分配时。

借：本年利润　　　　　　　　　　3 444（162 000-158 556）

贷：利润分配——未分配利润　　　　3 444

④提取盈余公积时。

借：利润分配——提取法定盈余公积　　344.4（3 444×10%）

贷：盈余公积——法定盈余公积　　　　344.4

⑥结转利润分配时

借：利润分配——未分配利润　　　　344.4

贷：利润分配——提取法定盈余公积　　344.4

12.2　编制12月份原始凭证

原始凭证种类较多，有些是自制的原始凭证，有些是外来的原始凭证，它们都是登记记账凭证和会计账簿的依据，也是证明相应经济业务发生的有效凭据，所以编制时必须遵守一定的规范，即真实、完整、及时且有固定的格式。本节内容根据上节的经济业务将部分不相同的原始凭证的填写展现出来。

【例1】对应填制的收款收据如下图所示。

收据

No5005121

日期：2019 年 12 月 1 日

收 到	王红借给赫裕公司210 000元整的短期借款。
金额（大写）	贰拾 壹万 零仟 零佰 零拾 零元 零角 零分 ¥210 000
附 注：	短期借款为期11个月。

发局单位盖章 会计： 王伦 出纳： 章科 经手人： 章科

①存根（白）②收据（红）③记账（蓝）

【例3】对应填制的入库单如下图所示。

入库单

No2019123

单位：赫裕公司 2019 年 12 月 4 日

编码	名称	规格	单位	数量	单价	金额	备注
1001	甲辅料	瓶/kg	瓶	100	150	15 000	
金额（大写）	零拾 壹万 伍仟 零佰 零拾 零元 零角 零分 ¥15 000						

主管： 刘主管 仓库： 何睿 记账： 王伦 经手人 何睿

①存根（白）②记账（红）③结算（蓝）

月底，生产部门耗用甲辅料1 500元，乙辅料1 000元，应填写领料单，填写的领料单如下图所示。

领料单

单位：生产车间 2019 年 12 月 31 日 第 3 号

编码	名称	单位	数量	单价	金额	备注
1001	甲辅料	瓶	10	150	1 500	
1002	乙辅料	瓶	10	100	1 000	
金额（大写）	零拾 零万 贰仟 伍佰 零拾 零元 零角 零分 ¥2 500					

财务： 王伦 取单： 小贺 发料： 何睿 制单 何睿

【例4】对应填制的出库单如下图所示。

出库单

No1016121

单位：赫裕公司　　　　2019　年　12　月　5　日

编码	名称	规格	单位	数量	单价	金额	备注
1	A产品	acb	袋	250	100	25 000	
金额（大写）	零拾 贰万 伍仟 零佰 零拾 零元 零角 零分　　¥25 000						

①存根（白）②记账（红）③结算（蓝）

主管：　刘主管　　仓库：　何睿　　记账：　王伦　　经手人　何睿

【例14】对应填制的差旅费报销单如下图所示。

差旅费报销单

报销部门：行政部　　　　2019年12月30日

姓名		职别				出差事由					
出差地点	日期	区间	人数	天数	其中：途中天数	局内/局外	补贴项目	人数	天数	标准	金额
	12月7日–12月9日	成都–上海					伙食补贴	1	3	100	300
	月 日– 月 日						交通费补贴				
	月 日– 月 日						司机出车补贴				
	月 日– 月 日						未卧补贴				
	月 日– 月 日						小计	1	3	100	300

项目	报销数 单据张数	报销数 报销金额	审核数 单据张数	审核数 审核金额	
住宿费	1	500	1	500	说明：
车船票	1	200	1	200	
飞机票	1	1 000	1	1 000	主（分）管领导审批：
小计	30	1 700		1 700	
合计大写金额：贰仟元整					合计金额小写：2 000.00

12.3 填制12月份记账凭证

记账凭证是登账的基础，财务人员需要将审核无误的原始凭证整理汇总后填制记账凭证。本节内容会把第一节中的业务登记记账凭证。

【例1】对应填制的记账凭证如下所示。

记账凭证

2019年12月1日　　　　记字第1号

摘要	会计科目		借方金额	贷方金额
	一级科目	明细科目		
向王红借短期借款	银行存款		210 000	
向王红借短期借款	短期借款			210 000
合计			210 000	210 000

附件1张

会计主管：王梅　　记账：王伦　　出纳：章科　　制单：王伦

【例2】对应填制的记账凭证如下所示。

记账凭证

2019年12月3日　　　　记字第2号

摘要	会计科目		借方金额	贷方金额
	一级科目	明细科目		
购进一台加工设备	在建工程		155 000	
购进一台加工设备	应交税费	应交增值税（进项税额）	19 500	
购进一台加工设备	银行存款			174 500
转入固定资产	固定资产		155 000	
转入固定资产	在建工程			155 000
合计			329 500	329 500

附件3张

会计主管：王梅　　记账：王伦　　出纳：章科　　制单：王伦

【例3】对应填制的记账凭证如下所示。

记账凭证

2019年12月4日　　　　记字第3号

摘要	会计科目		借方金额	贷方金额
	一级科目	明细科目		
购买甲辅料一批	原材料	甲辅料	15 000	
购买甲辅料一批	应交税费	应交增值税（进项税额）	1 950	
购买甲辅料一批	应付账款	小刘副业		16 950
合计			16 950	16 950

附件3张

会计主管：王梅　　记账：王伦　　出纳：章科　　制单：王伦

【例4】对应填制的记账凭证如下所示。

记账凭证

2019年12月5日　　　　记字第4号

摘要	会计科目		借方金额	贷方金额
	一级科目	明细科目		
收到好枫公司预付款	银行存款		20 000	
收到好枫公司预付款	预收账款	好枫公司		20 000
合计			20 000	20 000

附件1张

会计主管：王梅　　记账：王伦　　出纳：章科　　制单：王伦

【例5】对应填制的记账凭证如下所示。

记账凭证

2019年12月5日　　　　记字第5号

摘要	会计科目		借方金额	贷方金额
	一级科目	明细科目		
支付红闪定金	预付账款	红闪公司	5 000	
支付红闪定金	银行存款	红闪公司		5 000
合计			5 000	5 000

附件2张

会计主管：王梅　　记账：王伦　　出纳：章科　　制单：王伦

【例5】12月6日收到乙辅料并补交货款对应填制的记账凭证如下所示。

记账凭证

2019年12月6日　　　　记字第6号

摘要	会计科目		借方金额	贷方金额
	一级科目	明细科目		
收到材料并补交货款	原材料	乙辅料	5 500	
收到材料并补交货款	应交税费	应交增值税（进项税额）	715	
收到材料并补交货款	预付账款	红闪公司		6 215
收到材料并补交货款	预付账款	红闪公司	1 215	
收到材料并补交货款	银行存款			1 215
合计			7 430	7 430

附件3张

会计主管：王梅　　记账：王伦　　出纳：章科　　制单：王伦

【例4】12月7日发出A商品确认收入并结转成本应填制的记账凭证如下。

记账凭证

2019年12月7日　　　　记字第7号

摘要	会计科目		借方金额	贷方金额
	一级科目	明细科目		
销售A产品	应收账款	好枫公司	13 900	
销售A产品	预收账款	好枫公司	20 000	
销售A产品	主营业务收入			30 000
销售A产品	应交税费	应交增值税（销项税额）		3 900
结转A产品成本	主营业务成本		25 000	
结转A产品成本	库存商品	A产品		25 000
合计			58 900	58 900

附件2张

会计主管：王梅　　记账：王伦　　出纳：章科　　制单：王伦

【例6】对应填制的记账凭证如下所示。

记账凭证

2019年12月7日　　　　记字第8号

摘要	会计科目		借方金额	贷方金额
	一级科目	明细科目		
分配耗用材料	生产成本	A产品	8 000	
分配耗用材料	生产成本	B产品	4 000	
分配耗用材料	管理费用		1 000	
分配耗用材料	原材料	甲辅料		9 000
分配耗用材料	原材料	乙辅料		4 000
合计			13 000	13 000

附件8张

会计主管：王梅　　记账：王伦　　出纳：章科　　制单：王伦

【例7】对应填制的记账凭证如下所示。

记账凭证

2019年12月8日　　　　记字第9$\frac{1}{2}$号

摘要	会计科目		借方金额	贷方金额
	一级科目	明细科目		
销售C产品	应收账款	町力公司	135 600	
销售C产品	主营业务收入			120 000
销售C产品	应交税费	应交增值税（销项税额）		15 600
合计			135 600	135 600

附件1张

会计主管：王梅　　记账：王伦　　出纳：章科　　制单：王伦

记账凭证

2019年12月8日　　　　记字第9$\frac{2}{2}$号

摘要	会计科目		借方金额	贷方金额
	一级科目	明细科目		
结转C产品成本	主营业务成本		80 000	
结转C产品成本	库存商品	C产品		80 000
合计			80 000	80 000

附件1张

会计主管：王梅　　记账：王伦　　出纳：章科　　制单：王伦

【例8】对应填制的记账凭证如下所示。

记账凭证

2019年12月8日　　　　记字第10号

摘要	会计科目		借方金额	贷方金额
	一级科目	明细科目		
销售D产品	应收账款	新锌公司	6 780	
销售D产品	主营业务收入			6 000
销售D产品	应交税费	应交增值税（销项税额）		780
结转D产品成本	主营业务成本		4 000	
结转D产品成本	库存商品	D商品		4 000
合计			10 780	10 780

附件2张

会计主管：王梅　　记账：王伦　　出纳：章科　　制单：王伦

【例8】2019年12月12日收到新锌公司开出的商业汇票，对应填制的记账凭证如下所示。

记账凭证

2019年12月12日　　记字第11号

摘要	会计科目		借方金额	贷方金额
	一级科目	明细科目		
收到新锌公司汇票	应收票据	新锌公司	6 780	
收到新锌公司汇票	应收账款	新锌公司		6 780
合计			6 780	6 780

附件1张

会计主管：王梅　记账：王伦　出纳：章科　制单：王伦

【例4】收到好枫公司补付货款对应填制的记账凭证如下所示。

记账凭证

2019年12月13日　　记字第12号

摘要	会计科目		借方金额	贷方金额
	一级科目	明细科目		
收到好枫公司补款	银行存款		13 900	
收到好枫公司补款	应收账款	好枫公司		13 900
合计			13 900	13 900

附件1张

会计主管：王梅　记账：王伦　出纳：章科　制单：王伦

【例10】对应填制的记账凭证如下所示。

记账凭证

2019年12月15日　　记字第13号

摘要	会计科目		借方金额	贷方金额
	一级科目	明细科目		
支付公司罚款	营业外支出	罚款	2 000	
支付公司罚款	银行存款			2 000
合计			2 000	2 000

附件1张

会计主管：王梅　记账：王伦　出纳：章科　制单：王伦

【例11】对应填制的记账凭证如下所示。

记账凭证

2019年12月17日　　记字第14号

摘要	会计科目		借方金额	贷方金额
	一级科目	明细科目		
收到包装物押金	库存现金		1 000	
收到包装物押金	其他应付款	包装物押金		1 000
合计			1 000	1 000

附件2张

会计主管：王梅　记账：王伦　出纳：章科　制单：王伦

【例12】对应填制的记账凭证如下所示。

记账凭证

2019年12月20日　　　　记字第$15\frac{1}{2}$号

摘要	会计科目		借方金额	贷方金额
	一级科目	明细科目		
销售甲辅料	银行存款		6 780	
销售甲辅料	其他业务收入			6 000
销售甲辅料	应交税费	应交增值税（销项税额）		780
合计			6 780	6 780

附件1张

会计主管：王梅　　记账：王伦　　出纳：章科　　制单：王伦

记账凭证

2019年12月20日　　　　记字第$15\frac{2}{2}$号

摘要	会计科目		借方金额	贷方金额
	一级科目	明细科目		
结转甲辅料成本	其他业务成本		3 500	
结转甲辅料成本	原材料	甲辅料		3 500
合计			3 500	3 500

附件1张

会计主管：王梅　　记账：王伦　　出纳：章科　　制单：王伦

【例9】12月22日町力公司以扣除现金折扣后的金额付清货款，对应填制的记账凭证如下所示。

记账凭证

2019年12月22日　　　　记字第16号

摘要	会计科目		借方金额	贷方金额
	一级科目	明细科目		
收到町力公司货款	银行存款		134 244	
收到町力公司货款	财务费用		1 356	
收到町力公司货款	应收账款	町力公司		135 600
合计			135 600	135 600

附件1张

会计主管：王梅　　记账：王伦　　出纳：章科　　制单：王伦

【例14】对应填制的记账凭证如下所示。

记账凭证

2019年12月30日　　　　记字第17号

摘要	会计科目		借方金额	贷方金额
	一级科目	明细科目		
向银行提取现金	库存现金		3 500	
向银行提取现金	银行存款			3 500
报销费用	管理费用	差旅费	2 000	
报销费用	管理费用	业务招待费	1 500	
报销费用	库存现金			3 500
合计			7 000	7 000

附件3张

会计主管：王梅　　记账：王伦　　出纳：章科　　制单：王伦

【例13】对应填制的记账凭证如下所示。

记账凭证

2019年12月31日　　　　记字第18号

摘要	会计科目		借方金额	贷方金额
	一级科目	明细科目		
发放工资	应付职工薪酬	工资	100 000	
发放工资	应付职工薪酬	社会保险费	15 000	
发放工资	应付职工薪酬	住房公积金	18 000	
发放工资	银行存款			133 000
结转工资	生产成本		80 000	
结转工资	制造费用		19 800	
结转工资	管理费用		33 200	
结转工资	应付职工薪酬			133 000
合计			266 000	266 000

附件4张

会计主管：王梅　　记账：王伦　　出纳：章科　　制单：王伦

【例15】对应填制的记账凭证如下所示。

记账凭证

2019年12月31日　　　　记字第19号

摘要	会计科目		借方金额	贷方金额
	一级科目	明细科目		
计提折旧	制造费用		10 000	
计提折旧	管理费用		5 000	
计提折旧	累计折旧			15 000
合计			15 000	15 000

附件0张

会计主管：王梅　　记账：王伦　　出纳：章科　　制单：王伦

【例16】对应填制的记账凭证如下所示。

记账凭证

2019年12月31日　　　　记字第20号

摘要	会计科目		借方金额	贷方金额
	一级科目	明细科目		
结转制造费用	生产成本		29 800	
结转制造费用	制造费用			29 800
合计			29 800	29 800

附件0张

会计主管：王梅　　记账：王伦　　出纳：章科　　制单：王伦

【例17】对应填制的记账凭证如下所示。

记账凭证

2019年12月31日　　　　记字第21号

摘要	会计科目		借方金额	贷方金额
	一级科目	明细科目		
结转生产成本	库存商品		121 800	
结转生产成本	生产成本			121 800
合计			121 800	121 800

附件0张

会计主管：王梅　　记账：王伦　　出纳：章科　　制单：王伦

【例18】对应填制的记账凭证如下所示。

记账凭证

2019年12月31日　　　　记字第22号

摘要	会计科目		借方金额	贷方金额
	一级科目	明细科目		
结转各项成本	本年利润		158 556	
结转各项成本	主营业务成本			109 000
结转各项成本	其他业务成本			3 500
结转各项成本	营业外支出			2 000
结转各项成本	财务费用			1 356
结转各项成本	管理费用			42 700
结转各项收入	主营业务收入		156 000	
结转各项收入	其他业务收入		6 000	
结转各项收入	本年利润			162 000
本年利润转利润分配	本年利润		3 444	
本年利润转利润分配	利润分配	未分配利润		3 444
提取盈余公积	利润分配	提取法定盈余公积	344.4	
提取盈余公积	盈余公积	法定盈余公积		344.4
结转利润分配	利润分配	未分配利润	344.4	
结转利润分配	利润分配	提取法定盈余公积		344.4
合计			324 688.8	324 688.8

附件0张

会计主管：王梅　　记账：王伦　　出纳：章科　　制单：王伦

12.4 登记12月份会计账簿

会计账簿是对经济业务反映得最清晰最详细的会计资料，在登记当月的会计账簿时，需要借助上月的科目余额表。本节内容将根据第二节的记账凭证登记会计账簿。

假设赫裕公司截至2019年11月30日的科目余额平衡表如下图所示。

科目余额表

单位：赫裕公司　　　　2019年11月30日

科目名称	借方余额	科目名称	贷方余额
库存现金	2 000	短期借款	300 000
银行存款	255 910	应付票据	70 000
其他货币资金	130 000	应付账款	603 610
应收票据	100 000	预收账款	0
应收账款	852 300	应付职工薪酬	500 000
预付账款	0	应交税费	180 500
其他应收款	30 000	其他应付款	20 000
坏账准备	-10 000	应付利息	40 200
原材料	900 600	长期应付款	380 600
周转材料	65 890	实收资本	2 000 000
库存商品	480 900	资本公积	600 000
长期股权投资	260 697	盈余公积	180 400
固定资产	2 000 000	利润分配	350 200
累计折旧	-186 000	本年利润	257 287
在建工程	600 500		
合计	5 482 797	合计	5 482 797

赫裕公司的会计账簿如下。

现金日记账

2019年		凭证		摘　要	对方科目	借方金额	贷方金额	借或贷	余额
月	日	字	号						
12	1			月初余额				借	2 000
12	17	记	14	收到包装物押金	其他应付款	1 000		借	3 000
12	30	记	17	向银行提取现金	银行存款	3 500		借	6 500
12	30	记	17	报销费用	管理费用		3 500	借	3 000
				本月合计		4 500	3 500	借	3 000

银行存款日记账

2019年		凭证		摘　要	对方科目	借方金额	贷方金额	借或贷	余额
月	日	字	号						
12	1			月初余额				借	255 910
12	1	记	1	向王红借入短期借款	短期借款	210 000		借	465 910
12	3	记	2	购进加工设备	在建工程/应交税费		174 500	借	291 410
12	5	记	4	收到预付款	预收账款	20 000		借	311 410
12	5	记	5	支付红闪定金	预付账款		5 000	借	306 410
12	6	记	6	收到材料并补交货款	原材料/应交税费		1 215	借	305 195
12	13	记	12	收到好枫公司补款	应收账款	13 900		借	319 095
12	15	记	13	支付公司罚款	营业外支出		2 000	借	317 095
12	20	记	15	销售甲辅料	其他业务收入/应交税费	6 780		借	323 875
12	22	记	16	收到町力公司货款	应收账款	134 244		借	458 119
12	30	记	17	向银行提取现金	库存现金		3 500	借	454 619
12	31	记	18	发放工资	应付职工薪酬		133 000	借	321 619
				本月合计		384 924	319 215	借	321 619

原材料明细账

2019年		凭证		摘要	借方金额	贷方金额	借或贷	余额
月	口	字	号					
12	1			期初余额			借	900 600
12	4	记	3	购买甲辅料一批	15 000		借	915 600
12	6	记	6	收到乙材料并补交货款	5 500		借	921 100
12	7	记	8	分配耗用材料		9 000	借	912 100
12	7	记	8	分配耗用材料		4 000	借	908 100
12	20	记	15	结转甲辅料成本		3 500	借	904 600
				本月合计	20 500	16 500	借	904 600

库存商品明细账

2019年		凭证		摘要	借方金额	贷方金额	借或贷	余额
月	日	字	号					
12	1			期初余额			借	480 900
12	7	记	7	结转A产品成本		25 000	借	455 900
12	8	记	9	结转C产品成本		80 000	借	375 900
12	8	记	10	结转D产品成本		4 000	借	371 900
12	31	记	21	结转生产成本	121 800		借	493 700
				本月合计	121 800	109 000	借	493 700

应收票据明细账

2019年		凭证		摘要	借方金额	贷方金额	借或贷	余额
月	日	字	号					
12	1			期初余额			借	100 000
12	12	记	11	收到新锌公司汇票	6 780		借	106 780
				本月合计	6 780		借	106 780

应收账款明细账

2019年		凭证		摘　要	借方金额	贷方金额	借或贷	余额
月	日	字	号					
12	1			期初余额			借	852 300
12	7	记	7	销售A产品	13 900		借	866 200
12	8	记	9	销售C产品	135 600		借	1 001 800
12	8	记	10	销售D产品	6 780		借	1 008 580
12	12	记	11	收到新锌公司汇票		6 780	借	1 001 800
12	13	记	12	收到好枫公司补款		13 900	借	987 900
12	22	记	16	收到町力公司货款		135 600	借	852 300
				本月合计	156 280	156 280	借	852 300

预付账款明细账

2019年		凭证		摘　要	借方金额	贷方金额	借或贷	余额
月	日	字	号					
12	1			期初余额				
12	5	记	5	支付红闪定金	5 000		借	5 000
12	6	记	6	收到材料并补交货款		6 215	贷	1 215
12	6	记	6	收到材料并补交货款	1 215		平	
				本月合计	6 215	6 215	平	

短期借款明细账

20		凭证		摘　要	借方金额	贷方金额	借或贷	余额
月	日	字	号					
12	1			期初余额			贷	300 000
12	1	记	1	向王红借短期借款		210 000	贷	510 000
				本月合计		210 000	贷	510 000

在建工程明细账

2019年		凭证		摘要	借方金额	贷方金额	借或贷	余额
月	日	字	号					
12	1			期初余额			借	600 500
12	3	记	2	购进一台加工设备	155 000		借	755 500
12	3	记	2	转入固定资产		155 000	借	600 500
				本月合计	155 000	155 000	借	600 500

固定资产明细账

2019年		凭证		摘要	借方金额	贷方金额	借或贷	余额
月	日	字	号					
12	1			期初余额			借	2 000 000
12	3	记	2	转入固定资产	155 000		借	2 155 000
				本月合计	155 000		借	2 155 000

应交税费明细账

2019年		凭证		摘要	借方金额	贷方金额	借或贷	余额
月	日	字	号					
12	1			期初余额			贷	180 500
12	3	记	2	购进一台加工设备	19 500		贷	161 000
12	4	记	3	购买甲辅料一批	1 950		贷	159 050
12	6	记	6	收到材料并补交货款	715		贷	158 335
12	7	记	7	销售A产品		3 900	贷	162 235
12	8	记	9	销售C产品		15 600	贷	177 835
12	8	记	10	销售D产品		780	贷	178 615
12	20	记	15	销售甲辅料		780	贷	179 395
				本月合计	22 165	21 060	贷	179 395

本年利润明细账

2019年		凭证		摘　要	借方金额	贷方金额	借或贷	余额
月	日	字	号					
12	1			期初余额			贷	257 287
12	31	记	22	结转各项成本	158 556		贷	98 731
12	31	记	22	结转各项收入		162 000	贷	260 731
12	31	记	22	本年利润转利润分配	3 444		贷	257 287
				本月合计	162 000	162 000	贷	257 287

应付职工薪酬明细账

2019年		凭证		摘　要	借方金额	贷方金额	借或贷	余额
月	日	字	号					
月	日			期初余额			贷	500 000
12	31	记	18	发放工资等	133 000		贷	633 000
12	31	记	18	结转工资		133 000	贷	500 000
				本月合计	133 000	133 000	贷	500 000

主营业务收入明细账

2019年		凭证		摘　要	借方金额	贷方金额	借或贷	余额
月	日	字	号					
12	1			期初余额				
12	7	记	7	销售A产品		30 000	贷	30 000
12	8	记	9	销售C产品		120 000	贷	150 000
12	8	记	10	销售D产品		6 000	贷	156 000
12	31	记	22	结转各项收入	156 000		平	
				本月合计	156 000	156 000	平	

主营业务成本明细账

2019年		凭证		摘　要	借方金额	贷方金额	借或贷	余额
月	日	字	号					
12	1			期初余额				
12	7	记	7	结转A产品成本	25 000		借	25 000
12	8	记	9	结转C产品成本	80 000		借	105 000
12	8	记	10	结转D产品成本	4 000		借	109 000
12	31	记	22	结转各项成本		109 000	平	
				本月合计	109 000	109 000	平	

累计折旧明细账

2019年		凭证		摘　要	借方金额	贷方金额	借或贷	余额
月	日	字	号					
12	1			期初余额			贷	186 000
12	31	记	19	计提折旧		15 000	贷	201 000
				本月合计		15 000	贷	201 000

应付账款明细账

2019年		凭证		摘　要	借方金额	贷方金额	借或贷	余额
月	日	字	号					
12	1			期初余额			贷	603 610
12	4	记	3	购买甲辅料一批		16 950	贷	620 560
				本月合计		16 950	贷	620 560

盈余公积明细账

2019年		凭证		摘　要	借方金额	贷方金额	借或贷	余额
月	日	字	号					
12	1			期初余额			贷	180 400
12	31	记	22	提取盈余公积		344.4	贷	180 744.4
				本月合计		344.4	贷	180 744.4

其他应付款明细账

2019年		凭证		摘　要	借方金额	贷方金额	借或贷	余额
月	日	字	号					
12	1			期初余额			贷	20 000
12	17	记	14	收到包装物押金		1 000	贷	21 000
				本月合计		1 000	贷	21 000

利润分配明细账

2019年		凭证		摘　要	借方金额	贷方金额	借或贷	余额
月	日	字	号					
12	1			期初余额			贷	350 200
12	31	记	22	本年利润转利润分配		3 444	贷	353 644
12	31	记	22	提取盈余公积	344.4		贷	353 299.6
12	31	记	22	结转利润分配	344.4		贷	352 955.2
12	31	记	22	结转利润分配		344.4	贷	353 299.6
				本月合计	688.8	3 788.4	贷	353 299.6

其他业务成本明细账

2019年		凭证		摘　要	借方金额	贷方金额	借或贷	余额
月	日	字	号					
12	1			期初余额				
12	20	记	15	结转甲辅料成本	3 500		借	3 500
12	31	记	22	结转各项成本		3 500	平	
				本月合计	3 500	3 500	平	

预收账款明细账

2019年		凭证		摘　要	借方金额	贷方金额	借或贷	余额
月	日	字	号					
12	1			期初余额				
12	5	记	4	收到好枫公司预付款		20 000	贷	20 000
12	7	记	7	销售A产品	20 000		平	
				本月合计	20 000	20 000	平	

财务费用明细账

2019年		凭证		摘 要	借方金额	贷方金额	借或贷	余额
月	日	字	号					
12	1			期初余额				
12	22	记	16	收到町力公司货款	1 356		借	1 356
12	31	记	22	结转各项成本		1 356	平	
				本月合计	1 356	1 356	平	

其他业务收入明细账

2019年		凭证		摘 要	借方金额	贷方金额	借或贷	余额
月	日	字	号					
12	1			期初余额				
12	20	记	15	销售甲辅料		6 000	贷	6 000
12	31	记	22	结转各项收入	6 000		平	
				本月合计	6 000	6 000	平	

营业外支出明细账

2019年		凭证		摘 要	借方金额	贷方金额	借或贷	余额
月	日	字	号					
12	1			期初余额				
12	15	记	13	支付公司罚款	2 000		借	2 000
12	31	记	22	结转各项成本		2 000	平	
				本月合计	2 000	2 000	平	

生产成本明细账

2019年		凭证		摘　要	借方金额	贷方金额	借或贷	余额	直接材料	直接工资	防腐费用	折旧费用	水电费用	制造费用
月	日	字	号											
12	7	记	8	分配耗用材料	12 000		借	12 000	12 000					
12	31	记	18	结转工资	80 000		借	92 000		80 000				
12	31	记	20	结转制造费用	29 800		借	121 800						29 800
12	31	记	21	结转生产成本		121 800	平							
				本月合计	121 800	121 800	平		12 000	80 000				29 800

制造费用明细账

2019年		凭证		摘　要	借方金额	贷方金额	借或贷	余额	直接材料	直接工资	折旧费用	福利费用	劳保支出	燃料费用
月	日	字	号											
12	31	记	18	结转工资	19 800		借	19 800		19 800				
12	31	记	19	计提折旧	10 000		借	29 800			10 000			
12	31	记	20	结转制造费用		29 800	平							
				本月合计	29 800	29 800	平			19 800	10 000			

管理费用明细账

2019年		凭证		摘要	借方金额	贷方金额	借或贷	余额	材料费	差旅费	业务招待费	工资	折旧费用	
月	日	字	号											
12	7	记	8	分配耗用材料	1 000		借	1 000	1 000					
12	30	记	17	报销差旅费和招待费等	2 000		借	3 000		2 000				
12	30	记	17	报销差旅费和招待费等	1 500		借	4 500			1 500			
12	31	记	18	结转管理部门员工的工资	33 200		借	37 700				33 200		
12	31	记	19	计提折旧	5 000		借	42 700					5 000	
12	31	记	22	结转各项成本		42 700	平							
				本月合计	42 700	42 700	平		1 000	2 000	1 500	33 200	5 000	

12.5 制作12月份会计报表

会计做账的最后一个环节是编制财务报表，财务报表最能体现企业的经营信息，本节内容以赫裕食品加工公司为例编制财务报表。

赫裕公司2019年12月的科目余额表如下所示。

科目余额表

科目名称	期初借方	期初贷方	本期借方	本期贷方	期末借方	期末贷方
库存现金	2 000		4 500	3 500	3 000	
银行存款	255 910		384 924	319 215	321 619	
其他货币资金	130 000				130 000	
应收票据	100 000		6 780		106 780	
应收账款	852 300		156 280	156 280	852 300	
预付账款			6 215	6 215		
其他应收款	30 000				30 000	
坏账准备		10 000				10 000
原材料	900 600		20 500	16 500	904 600	
周转材料	65 890				65 890	
库存商品	480 900		121 800	109 000	493 700	
长期股权投资	260 697				260 697	
固定资产	2 000 000		155 000		2 155 000	
累计折旧		186 000		15 000		201 000
在建工程	600 500		155 000	155 000	600 500	
短期借款		300 000		210 000		510 000
应付账款		603 610		16 950		620 560
预收账款			20 000	20 000		
应付票据		70 000				70 000
应付职工薪酬		500 000	133 000	133 000		500 000
应交税费		180 500	22 165	21 060		179 395
应付利息		40 200				40 200
长期应付款		380 600				380 600

续上表

科目名称	期初借方	期初贷方	本期借方	本期贷方	期末借方	期末贷方
其他应付款		20 000		1 000		21 000
实收资本		2 000 000				2 000 000
资本公积		600 000				600 000
盈余公积		180 400		344.4		180 744.4
本年利润		257 287	162 000	162 000		257 287
利润分配		350 200	688.8	3 788.4		353 299.6
生产成本			121 800	121 800		
制造费用			29 800	29 800		
主营业务收入			156 000	156 000		
其他业务收入			6 000	6 000		
主营业务成本			109 000	109 000		
其他业务成本			3 500	3 500		
管理费用			42 700	42 700		
财务费用			1 356	1 356		
营业外支出			2 000	2 000		
合计	5 678 797	5 678 797	1 821 008.8	1 821 008.8	5 924 086	5 924 086

根据科目余额表编制如下的资产负债表和利润表。

资产负债表

编制单位：赫裕公司　　2019年12月31日　　单位：元

资　产	年初数	期末数	负债和所有者权益（或股东权益）	年初数	期末数
流动资产:			流动负债:		
货币资金		454 619	短期借款		510 000
交易性金融资产			应付票据及应付账款		690 560
应收票据及应收账款		949 080	预收款项		
预付账款			应付职工薪酬		500 000
其他应收款		30 000	应交税费		179 395
存货		1 464 190	其他应付款		61 200
一年内到期的非流动资产			一年内到期的非流动负债		
其他流动资产			其他流动负债		
流动资产合计		2 897 889	流动负债合计		1 941 155
非流动资产:			非流动负债:		
可供出售金融资产			长期借款		
持有至到期投资			应付债券		

续上表

长期应收款		长期应付款	380 600
长期股权投资	260 697	递延所得税负债	
投资性房地产		其他非流动负债	
固定资产	1 954 000	非流动负债合计	380 600
在建工程	600 500	负债合计	2 321 755
无形资产		所有者权益:	
研发支出		实收资本（股本）	2 000 000
长期待摊费用		资本公积	600 000
递延所得税资产		减：库存股	
非流动资产合计	2 815 197	盈余公积	180 744.4
		未分配利润	610 586.6
		所有者权益合计	3 391 331
资产总计	5 713 086	负债和所有者权益总计	5 713 086

利润表

编制单位：赫裕公司　　2019年12月　　单位：元

项　目	行次	本期数	本年累计数
一、营业收入	1	162 000	
减：营业成本	2	112 500	
税金及附加	3		
研发费用	4		
销售费用	5		
管理费用	6	42 700	
财务费用	7	1 356	
其中：利息收入	8		
利息费用	9		
资产减值损失	10		
加：公允价值变动收益（损失以“–”号填列）	11		
其中：对联营企业和合营企业的投资收益	12		
二、营业利润（亏损以“–”号填列）	13	5 444	
加：营业外收入	14		
减：营业外支出	15	2 000	
其中：非流动资产处置损失	16		
三、利润总额（亏损以“–”号填列）	17	3 444	
减：所得税费用	18		
四、净利润（亏损以“–”号填列）	19	3 444	
五、每股收益	20		
（一）基本每股收益	21		
（二）稀释每股收益	22		

读者意见反馈表

亲爱的读者：

感谢您对中国铁道出版社有限公司的支持，您的建议是我们不断改进工作的信息来源，您的需求是我们不断开拓创新的基础。为了更好地服务读者，出版更多的精品图书，希望您能在百忙之中抽出时间填写这份意见反馈表发给我们。随书纸制表格请在填好后剪下寄到：北京市西城区右安门西街8号中国铁道出版社有限公司大众出版中心 王佩 收（邮编：100054）。或者采用传真（010-63549458）方式发送。此外，读者也可以直接通过电子邮件把意见反馈给我们，E-mail地址是：1958793918@qq.com。我们将选出意见中肯的热心读者，赠送本社的其他图书作为奖励。同时，我们将充分考虑您的意见和建议，并尽可能地给您满意的答复。谢谢！

所购书名：____________________

个人资料：

姓名：__________ 性别：__________ 年龄：__________ 文化程度：__________

职业：__________ 电话：__________ E-mail：__________

通信地址：____________________ 邮编：__________

您是如何得知本书的：

□书店宣传 □网络宣传 □展会促销 □出版社图书目录 □老师指定 □杂志、报纸等的介绍 □别人推荐

□其他（请指明）____________________

您从何处得到本书的：

□书店 □邮购 □商场、超市等卖场 □图书销售的网站 □培训学校 □其他

影响您购买本书的因素（可多选）：

□内容实用 □价格合理 □装帧设计精美 □带多媒体教学光盘 □优惠促销 □书评广告 □出版社知名度

□作者名气 □工作、生活和学习的需要 □其他

您对本书封面设计的满意程度：

□很满意 □比较满意 □一般 □不满意 □改进建议

您对本书的总体满意程度：

从文字的角度 □很满意 □比较满意 □一般 □不满意

从技术的角度 □很满意 □比较满意 □一般 □不满意

您希望书中图的比例是多少：

□少量的图片辅以大量的文字 □图文比例相当 □大量的图片辅以少量的文字

您希望本书的定价是多少：

本书最令您满意的是：

1.

2.

您在使用本书时遇到哪些困难：

1.

2.

您希望本书在哪些方面进行改进：

1.

2.

您需要购买哪些方面的图书？对我社现有图书有什么好的建议？

您更喜欢阅读哪些类型和层次的书籍（可多选）？

□入门类 □精通类 □综合类 □问答类 □图解类 □查询手册类

您在学习计算机的过程中有什么困难？

您的其他要求：